ORACIÓN
SIN LÍMITES

Descubriendo la Auténtica Intimidad con Dios
Mediante el Desafío de 40 Días de Adoración

DR. MARK JONES

Pablo Ulloa Valdivia, traductor

Publicado en 2017
Jaquith Creative, Kirkland, Washington
Impreso en Tlajomulco de Zúñiga, Jalisco, México

ISBN 978-0-9849082-4-0

Publicado en inglés con el título *Unscripted* © 2013

Maquetación y portada diseñados por Brianna Ailie

Impreso sobre papel bond de 90 gms.

RECONOCIMIENTOS A LA OBRA

Tengo muchos años de conocer a Mark Jones, a quien estimo y admiro mucho. No podría estar más de acuerdo con el tema de auténtica intimidad con Dios que él presenta en esta obra: *Oración Sin Límites* cambiará tu forma de pensar acerca de la oración, y te dará una hambre por conocer a Jesús mucho más de cerca.

Judah Smith
Pastor Principal, The City Church
Seattle, Washington

No puedo imaginar a nadie mejor para presentar un libro como éste. Conociendo al Dr. Mark Jones por décadas, puedo asegurar que este desafío viene de alguien que tiene un asombroso corazón para Dios. Es justamente conocido por su oración ferviente y apasionada, con un corazón para los demás e intenso en su caminar con Dios. En este libro se presenta como un entrenador espiritual con un deseo genuino por ayudarnos a conectarnos con Dios. Nos ofrece un plan realista y asequible con sugerencias prácticas y motivaciones profundas. Lo que más aprecio es cómo él quita la propensión de culpabilidad de la religiosidad, y la reemplaza mediante un enfoque liberador genuino y sincero. ¡Verdaderamente, recomiendo el Desafío de Cuarenta Días de Adoración!

Ken Malmin
Decano, Colegio Bíblico de Portland
Portland, Oregon

Oración Sin Límites: Desafío de Cuarenta Días de Adoración
¡revolucionará tu vida! He sido inspirado, alentado y desafiado por este práctico y dinámico conjunto de instrucciones para encontrar la presencia de Dios en nuestras vidas cotidianas. Puedes estar seguro que tu vida será refrescada y enriquecida por el simple hecho de pasar tiempo con Dios—de abrir tu corazón al silbo apacible de su dulce amor. No hay mejor manera de cultivar un estilo de vida cristocéntrico, que mediante la adoración. La lectura de esta obra es indispensable para todo aquel creyente que anhele experimentar su presencia.

Howard Rachinski
Presidente/Director General, Christian Copyright
Licensing Int. (CCLI)
Portland, Oregon

Durante los últimos dieciséis años de mi vida he sido impactado por la vida y el ministerio de Mark Jones. Al fin, el secreto contenido en este tremendo libro me ha sido revelado, alcanzando un impacto profundo en mi vida. Decidí tomar el Desafío de Cuarenta Días de Adoración, y aún sigo disfrutando la fresca revelación que trajo a mi vida devocional y más allá. La lectura de este libro es esencial para todo cristiano, sin importar la edad o el grado de madurez. Te refrescará, te fortalecerá y te ayudará a desarrollar una mejor comprensión de lo que es tener una relación personal e íntima con Jesús. ¡El desafío ha comenzado! Te reto a que lo tomes.

Marc Estes
Pastor Principal, City Bible Church
Portland, Oregon

El Dr. Mark Jones es una de las personas más espiritualmente apasionadas y genuinas que conozco. La vida de oración y devoción del Dr. Mark ha inspirado a innumerables creyentes, entre los cuales me incluyo, para transformar la disciplina de los devocionales a una de verdadera relación con el Dios personal.

El libro *Oración Sin Límites* es una práctica guía inspiracional que llevará a los lectores sinceros a una vida de cambio más profunda y rica en su relación con Dios. Oración Sin Límites atrapará el corazón de la verdadera vida de adoración, y su impacto se extenderá más allá después de haber completado el Desafío de Cuarenta Días.

Michael P. White
Presidente, Gateway Communications, Inc.
Portland, Oregon

DEDICATORIA

Este libro está dedicado a mi gran amigo, el Pastor Jack Louman, quien partió con el Señor el 27 de julio de 2012. Fue un verdadero campeón de la fe, mi mentor y mi amigo. Fue un hombre que amaba a Dios y a la familia. Su vida como pastor la dedicó siempre a servir a los demás, y todo aquel que tuvo la oportunidad de conocerle realmente le admiraba. Lo extrañaré entrañablemente.

AGRADECIMIENTOS

Primero y antes que a nadie, doy gracias a mi Señor Jesucristo. Él es el centro de este libro.

Este libro no hubiera sido posible sin el apoyo y la aportación de muchas personas.

Gracias a mi maravillosa esposa y mejor amiga, Susan, y a mi familia. Les amo mucho a cada uno de ustedes.

Al pastor Frank Damazio, usted es mi pastor y le aprecio entrañablemente. Gracias por su liderazgo y amistad.

Gracias a Dennis Jackson y a Wayne Little por prestar oídos atentos y por la retroalimentación que me dieron para ayudarme a darle orden a las ideas.

Gracias a Justin Jaquith por corregir los textos y darles un formato más leíble.

Gracias a nuestro grupo de intercesores que se reúne cada mes por apoyarme en la oración para que este proyecto saliera adelante; les estoy agradecido por su decidido apoyo.

Me faltaría espacio para agradecer a todos los que a través de los años han aportado a mi vida; sé que soy una mejor persona gracias a su influencia. Soy bendecido por estar rodeado de tantos amigos.

ÍNDICE

PREFACIO

Cada iglesia tiene principios claves que se convierten en los pilares que dan fortaleza y forma a una congregación. Estos principios son enseñados y modelados usualmente por líderes principales. Toda verdad requiere llevarse de la teoría a la práctica. La verdad debe "convertirse en carne y habitar en medio de nosotros", y de allí a que "podamos ver su gloria", llena de gracia y verdad.

El Dr. Mark Jones, pastor y líder de oración, ha modelado las verdades expresadas en este libro durante más de dos décadas. En verdad nos ha permitido verlas puestas en práctica, yendo más allá de la teoría de la oración.

Cuarenta días de poderosos devocionales que transforman vidas te ayudarán a llevar las sencillas verdades a convertirse en carne en tu vida. En la disciplina de actividades cotidianas desarrollarás nuevos hábitos, y siete semanas pueden ser lo que necesitas para comenzar una vida nueva, llena de poderosos encuentros con Jesús, en la intimidad de la oración.

Aprende a rendir tu vida, a celebrar, a meditar, a abrir tu corazón y tu vida, y a oír y obedecer lo que escuchas. Aprende a llevar un diario de la obra de Dios en tu vida.

Aquí está: ¡A comenzar!

Frank Damazio
Presidente, Ministros en Fraternidad Internacional
Portland, Oregon

SECCIÓN 1

EL DESAFÍO

Como el ciervo anhela
las corrientes de las aguas,
así te anhelo a ti, oh Dios.
Tengo sed de Dios, del Dios viviente.
Salmo 42:1–2a

Hace algunos años sufría yo de ansiedad constante y ataques de temor. Se trataba de una sensación difícil de explicar: un laberinto oscuro sin salida. Todas las mañanas despertaba temprano lleno de pánico y depresión que recorrían todo mi cuerpo. Me levantaba para luego sentarme en una silla en mi recámara a preocuparme: acerca de la vida, las finanzas y los retos diarios en los que tenía que enfrentar de todo. Pensaba que estaba tratando de resolver mis problemas, pero cada vez me sentía más atrapado. Posteriormente, me referiría a esa silla como mi "silla de la depresión". Era un símbolo de desesperanza y confusión.

Un día, sin embargo, todo cambió a mi alrededor. Salí a pasear en bicicleta, algo que había comenzado a hacer meses antes con la intención de ejercitarme, y mientras pedaleaba, tenía el hábito de escuchar música de alabanza o predicaciones en mi iPod. Mis mensajes favoritos eran de Joel Osteen (a quien yo llamaba mi "porrista favorito"), Dave Ramsey (mi "voz de la razón"), y Joyce Meyer (mi "palanca de apoyo").

Ese día en particular, recuerdo, estaba escuchando a Joyce Meyer en su típica manera desenfadada de predicar, diciendo que "si vuelves a tu primer amor con el Señor, 90% de tus problemas desaparecerán".

Dios me habló en ese instante. Era tan claro y audible que casi me caigo de la bicicleta. "Hijo, el tiempo en que te acercaste más a mí, fue cuando ibas a la Escuela de Odontología".

Eso había sido hace más de treinta años, pero mi mente viajó hasta allá como si hubiera sido ayer. Acababa de convertirme a Cristo, y no sabía mucho sobre Dios, la oración o los dones espirituales, pero genuinamente estaba en mi primer amor con Dios. Durante dos años seguidos, todas las mañanas me iba al bosque detrás de los dormitorios, y me ponía a alabar a Dios durante quince minutos. Todo mundo se despertaba cuando yo oraba. ¡Fue un tiempo maravilloso! Yo estaba lleno de paz y gozo. Mi amor y mi pasión por Dios eran contagiosos. Me acuerdo que aquellos a quienes les compartí del Señor, lo aceptaron como su salvador personal.

El recuerdo pasó y ahí seguía yo, pedaleando en mi bicicleta. Luego, se me ocurrió algo que nunca había siquiera considerado: tal vez, no era yo el único que disfrutaba esos momentos de adoración. Así que le pregunté a Dios, "¿Recibiste tú algo de esos tiempos?"

Inmediatamente comencé a experimentar el inmenso gozo del Señor. Me di cuenta que mi amor por él y el tiempo que pasamos juntos, le significaban más a él que a mí. Le dije a Dios que si eso significaba tanto para él, no quería yo pasar un día más sin su presencia.

Me imaginaba yo a Dios viendo a sus hijos mientras dormían, esperando que despertaran para pasar tiempo con ellos y ayudarles en sus necesidades. Me di cuenta del gozo, la paz y el fruto que caracterizaba mi vida treinta años atrás, y que habían sido producto del tiempo que pasaba yo con él.

En el rato que me tomó recorrer otros cien metros, mi vida cambió totalmente.

Al día siguiente me levanté con la determinación de tener un encuentro con Dios. Mi depresión era todavía demasiado pesada y me costaba mucho trabajo salir de la cama. Fui a una cafetería donde siempre tocaban música cristiana y comencé a leer un devocional mientras escuchaba la música. Cada dos canciones me quebrantaba y comenzaba a llorar. Algo dentro de mí se liberó mientras pasaba tiempo en la presencia de Dios.

Esto continuó por seis meses. Desafortunadamente, la cafetería a donde iba se quemó, así que tuve que buscar otra en la cercanía. Ahí comencé a utilizar audífonos para escuchar alabanzas mientras bebía café y leía mi Biblia.

Todos los días comenzaba mi oración sin ideas preconcebidas y sin ningún plan específico. Sólo empezaba a escuchar alabanzas, sacaba mi Biblia, una pluma y papel, y dejaba todo el control al Espíritu Santo. Mis tiempos con Dios comenzaron a ser espontáneos, sin agenda, orgánicos—y fascinantemente impredecibles.

Algo más comenzó a suceder. A medida que pasaba tiempo en la presencia de Dios, mi hombre interior se fortalecía. La depresión y la ansiedad desaparecieron de mi mente y mis emociones. Después de eso, tiré "mi silla de la depresión", la cual tenía en mi recámara, para no verla jamás.

Desde entonces, soy una persona totalmente diferente. Los ataques de pánico que sentía han desaparecido. Aquel temor paralizante y la ansiedad han quedado sepultados en el pasado, y ya puedo controlar mis pensamientos y emociones.

Hace ya siete años que inicié este recorrido. He mantenido la promesa de tener mis encuentros con Dios. Sé que cada mañana él está esperándome y tarde se me hace para pasar tiempo con él.

Desde entonces, he tenido la oportunidad de compartir mi experiencia y los principios aprendidos con muchas personas; muchos han decidido probarlas por su cuenta. Esta experiencia la he llamado el Desafío de Cuarenta Días de Adoración, porque los encamino a que pasen cuarenta días adorando a Dios. También la he hecho parte de un curso de oración que imparto en mi iglesia, llamado *Ministerio de Oración*.

Sería imposible compartir todas las historias de amigos y alumnos sobre el amor de Dios y la transformación de carácter que han experimentado. El cambio en sus vidas es lo que me impulsó a escribir este libro. En este incluyo citas acerca de las experiencias de algunos de ellos.

En las siguientes páginas, explicaré en qué consiste el Desafío de Cuarenta Días de Adoración, compartiré algunas reflexiones sobre lo que he aprendido, y te invito a que pruebes a Dios tú mismo. Mi intención no es controlar tu tiempo de oración, sino ampliar tus expectativas y llevarte a descubrir un caminar único con Dios.

Estoy seguro que los próximos cuarenta días cambiará tu forma de relacionarte con Dios. Si decides tomar el Desafío de Cuarenta Días de Adoración, experimentarás un cambio de adentro hacia afuera y, lo más importante en tu vida: una relación verdadera con el Dios que nos creó.

Este libro no pretende ser una lista exhaustiva de principios de oración. Es sólo el punto de partida. A propósito evité llamarlos pasos, porque no hay una secuencia o fórmula o predictibilidad en la relación con Dios. No sigo "siete pasos sencillos" para la relación matrimonial con mi esposa, ¿por qué, pues, habría de reducir mi relación con el infinito Dios a un simple algoritmo?

Esta jornada devocional no se limita a los cuarenta días, ¡Pero sí es un buen comienzo! Creo que es significativo las veces que el número cuarenta aparece en la Biblia. He oído decir que se requieren cuarenta días para desarrollar un nuevo hábito, y espero que cuarenta días de oración no planeada, te ponga en una senda nueva en tu caminar espiritual.

Estás a punto de descubrir una nueva intimidad con Dios. Aprenderás a cultivar una conciencia interna sobre la presencia de Dios en tu vida. Nunca subestimes el poder del tiempo invertido con Dios.

¿Qué es el Desafío de Cuarenta Días de Adoración?

Este es el reto para ti: durante los próximos cuarenta días te invito a pasar tiempo a solas con Dios cada día, en una atmósfera de adoración.

Ahí está. Ese es todo el reto. El resto de este pequeño libro te proporcionará algunas indicaciones y principios que te ayudarán a maximizar tu experiencia, pero la idea es que intencionalmente busques ese encuentro con Dios mediante la intimidad en la adoración.

Requerirás tener tu Biblia, un diario, una pluma y un medio en el que puedas escuchar música, como un mp3. No puedo decirte qué esperar, porque dos días no son iguales. Tu tiempo devocional será fresco y único cada día. No se trata de una fórmula—es una relación constante con Dios. Tu relación con Dios nunca deberá convertirse en una mera obligación; todo lo contrario: deberá ser la parte más emocionante del día.

Estos momentos se convertirán en la parte más importante y motivante de tu día. Todo ser humano tiene necesidades innatas—como la libertad, el amor, el gozo, la aceptación, el propósito y la paz. Cuando permitas que Dios sea quien te supla esas necesidades, ya no tendrás que buscar la satisfacción emocional, mental, espiritual o relacional en otras fuentes. Puedes comenzar el día desde una plataforma de suficiencia. La presencia de Dios en tu vida es todo lo que necesitas.

El amor de Dios te cubrirá a medida que aprendes a deleitarte en él y a amarle. No hay prisa. Permite que tu relación con él crezca de manera natural.

Al principio, puedes comenzar desde abajo en tiempo—digamos, quince minutos. Con el correr de los días, probablemente querrás incrementar tu tiempo porque se convertirá en tu parte favorita del día.

La cercanía que comiences a sentir con Dios te acompañará todo el día, aún después de haber dejado tu lugar de reunión con él. Verás como espontáneamente comenzarás a conversar con Dios durante el día. En cada circunstancia, estarás consciente de su presencia.

Comenzarás a escuchar la voz de Dios hablando a tu corazón por su Espíritu, dándote un mayor amor por su Palabra. La Biblia cobrará vida. Aprenderás a discernir su voz de entre todas las demás voces. Tu corazón y tu mente comenzarán a aclararse. Podrás percibir con claridad cuál es el propósito de Dios para tu vida. Los deseos carnales y los pensamientos negativos y malvados menguarán.

Definición de Devoción

Siempre he sido una persona de oración. He sido, incluso, pastor de oración por años en nuestra iglesia. Me agrada mucho orar con y por las personas, y he visto a Dios hacer cosas increíbles en la vida de las personas como respuesta a la oración.

Pero, aún como pastor de oración, solía luchar por encontrar tiempo para estar a solas con Dios. Sabía en mi mente la importancia de tener un tiempo personal para orar, pero las presiones y ocupaciones de la vida siempre me distraían de mi vida devocional. Me sentía culpable por no orar una hora diaria o no seguir apegadamente un plan de oración. Evitaba hablar sobre el tema de devocionales personales, porque sentía que era yo un mal ejemplo.

Ahora me doy cuenta que me estaba perdiendo el punto principal. La oración es más que las palabras que le decimos a Dios. La oración trata sobre pasar tiempo y tener una verdadera relación con él: hablarle, escucharle, adorarle, aprender de él, dejar que él te ame.

Mi definición personal de devocionales es simple: tiempo a solas con Dios. Estaré haciendo referencia a esto a través de todo el libro. El tiempo devocional no es sólo orar y leer la Biblia—aunque a menudo incluye precisamente eso. Es simplemente estar a solas con Dios.

Establecer un Horario y un Lugar

La parte más *desafiante* del Desafío de Cuarenta Días de Adoración, es cómo empezar cada día. La oración no es difícil, pero frecuentemente las ocupaciones del día a día nos roban nuestra relación con Dios. Sabemos que debemos pasar más tiempo con él, pero no lo hacemos.

Prepárate. Todo, absolutamente todo, tratará de evitar que tengas esos encuentros con Dios. Excusas y distracciones siempre vendrán a tu mente. No dejes que nada te sea impedimento. Decídete a seguir adelante.

Establece el tiempo que vas a dedicar a orar—te sugiero que comiences con quince o treinta minutos—y comprométete a apartar cada día ese mismo tiempo o más durante cuarenta días seguidos.

Te recomiendo de manera especial, que ese tiempo para orar lo apartes durante la mañana. Es maravilloso comenzar el día teniendo un encuentro con Dios, y para muchas personas, es la hora con menos distracciones. Aun si no eres madrugador, o si estás acostumbrado a orar por las tardes o en las noches, te reto a que elijas la mañana para encontrarte con Dios durante los próximos cuarenta días. Estoy seguro que lo disfrutarás.

En los cursos de oración que imparto, siempre le pido a mis alumnos que establezcan tiempo para orar en las mañanas. Al principio, algunos de ellos no lo prefieren, pero siempre quedan gratamente sorprendidos por los resultados.

El testimonio de Ericka ilustra bien este hecho. Nos cuenta:

> Esta hazaña de cuarenta días era definitivamente todo un reto para mí; hacer cosas en la mañana antes de estar lista para mi día, siempre ha sido difícil. Mi mente no puede concentrarse bien tan temprano, así que normalmente no me levanto, sino más bien me caigo de la cama; pongo café y comienzo a pensar acerca de lo que tengo que hacer en el día. Cuando decidí deslizarme de la cama hacia los brazos de Jesús, las cosas no pudieron haber cambiado más rápido.

Elije un lugar cómodo donde te sientas relajado. Tienes que estar libre de distracciones e interrupciones para que puedas enfocar tus pensamientos totalmente en Dios. Esto puede ser en casa o en un lugar público. Como ya te comenté, yo solía ir a un café donde me ponía mis audífonos a escuchar música de adoración desde mi mp3. Para mí, eso funciona de maravilla.

Deliberadamente, abre tu corazón al fluir del amor de Dios. La clave es sentir el amor que Dios tiene por ti, y a la vez, expresarle tu amor por él. El Salmo 143:8 lo define de esta forma: "Hazme oír por la mañana tu misericordia, porque en ti he confiado; hazme conocer la senda por donde debo caminar, porque a ti he elevado mi alma".

Poner Música de Adoración

Te animo a escuchar música de adoración durante tu devocional, ya que vas a conectar tu corazón al corazón de Dios, y la alabanza es un medio maravilloso para hacerlo.

Algunas personas tienen la capacidad para tocar un instrumento y cantar al mismo tiempo. Esta es una maravillosa forma de adorar. Sin embargo, escuchar música grabada te permite hacer notas en tu diario y leer la Biblia mientras fluyes en la adoración.

Toda clase de música cuenta con un elemento que trasciende el intelecto y la lógica. La música puede fomentar las relaciones, establecer estados de ánimo, reducir las distracciones y comunicar a través de la letra, el ritmo y las notas. Por ejemplo, imagina tú el papel que juega la música romántica en las relaciones, la cultura y las películas.

La adoración es mucho más que música, pero tal como lo revelan los Salmos, a menudo incluye música. Sin importar si eres o no musical, eres un adorador. Dios te creó para adorarle. Aprende a dirigir tu enfoque hacia él, a que ocupe él el primer lugar en tu vida, a valorarlo, exaltarlo y adorarlo. Más adelante hablaré sobre este tema con mayor detalle.

La adoración es el mayor acto de intimidad en el planeta. Adorar en "el espíritu" es conocer a Dios en el hombre interior; es relacionarse con Dios en el plano espiritual. Esto incluye también el intelecto, pero es mucho más profundo que eso.

La Palabra de Dios dice que somos "templos del Espíritu Santo" (1 Corintios 6:19). Un templo es el lugar donde Dios se encuentra con el hombre. En otras palabras, él desea encontrarse personalmente con nosotros uno a uno, él que es el Rey de reyes. El primer lugar de adoración no es un edificio—sino nuestro corazón.

Meditar en la Palabra

El Desafío de Cuarenta Días de Adoración trata sobre nuestro encuentro con Dios, y él se revela a nosotros por medio de su Palabra. Al leer la Biblia y meditar en ella, ciertos pasajes, versículos y frases saltarán a la vista. Con frecuencia nos referimos a estos como *rhemas*, término que en el idioma griego se refiere a un mensaje hablado. Estos rhemas son una forma en la que Dios habla directamente a nuestras vidas.

Esto no es un plan formal de lectura de la Biblia. No se trata de leer la Biblia en un año o algo así de ambicioso. Sencillamente, lo que haces es comer las palabras que Dios te habla, interactuar con ellas en tu interior, anotar tus pensamientos y poner en práctica lo que recibes durante el resto del día. La clave es apropiarte *hoy* de la fresca comunicación viviente de Dios, meditando en lo infalible y eterno de su Palabra. Más adelante cubriremos esto en más detalle, en la sección "Meditar".

La Sección 3 de este libro, el Diario, contiene cuarenta pasajes de los Salmos para leerlos y reflexionar sobre ellos. Los incluí como punto de partida, pero puedes escoger algo completamente diferente: un libro de la Biblia, otro devocional o un libro cristiano de tu preferencia, por ejemplo.

Utilizar un Diario

Captura "pensamientos de Dios", o revelaciones que te lleguen durante la oración, en un diario. No hay una manera correcta o incorrecta de hacer esto. Escribe tan extenso o tan breve como tú quieras. A menudo, Dios siembra un pensamiento en ti y, si meditas sobre éste durante el día, puede crecer y convertirse en una revelación que transforme tu vida.

Según Dios te vaya dando versículos, pensamientos, impresiones, ideas y cosas qué hacer y recordar, anótalas en tu diario. Posteriormente, toma tiempo para releer lo que escribiste.

Como dije, la última sección de este libro contiene una sección de diario. Por cada día, hay una Escritura que te alienta a buscar al Señor. El resto de la página está en blanco y es para tus notas, para mantener el enfoque del Desafío de los Cuarenta Días. Si prefieres utilizar tu propio diario, también está bien.

Ser Genuino

No trates de impresionar a Dios o de comprobar nada. Lo que se trata es simplemente rendirte ante Dios. No te presiones por "hacer las cosas bien". No te acorrales con tratar de cumplir expectativas creadas por otras personas. No dejes que la condenación por "no orar lo suficiente" en el pasado te desanime a comenzar de nuevo. El meollo del asunto es que estás allí para disfrutar de *su* presencia, y él está contigo para disfrutar la tuya.

El Pintor

Hace tiempo tuve una plática con un pintor que estaba haciendo trabajo en mi casa. Ha estado asistiendo a la iglesia desde hace más de dos décadas. Es un excelente esposo y padre. Él y su esposa tienen diez hijos, algunos de los cuales son adoptados. Trabaja tiempo completo como pintor en una empresa, y aparte hace trabajos por las tardes o los sábados.

De alguna manera la conversación giró en torno a la relación con Jesús. Compartí con él la historia acerca de mi encuentro con Dios mientras pedaleaba en mi bicicleta, y cómo me di cuenta que a él le gusta pasar tiempo conmigo. Era algo que él nunca había considerado. Aún después de toda esa experiencia como cristiano, la idea de comenzar su día con un encuentro verdadero y auténtico con Dios nunca se le había ocurrido. Apenas podía creer que eso fuera posible.

Mientras le compartía, me di cuenta como este estoico y duro hombre de trabajo comenzó a quebrantarse. Le dije que Dios estaba disponible para él en cualquier momento que lo necesitara. Le compartí que todas las mañanas el Dios del universo estaba esperando que despertara para hacerle sentir su amor por él. Para ese entonces, las lágrimas ya habían comenzado a rodar por su cara libremente. Apenas podía esperar a la mañana siguiente para comenzar el desafío.

Después me di cuenta que ni siquiera esperó a la siguiente mañana. Esa misma noche comenzó a tener encuentros con el Señor en una manera totalmente nueva, y el día siguiente fue increíblemente igual. Mientras me compartía su nueva experiencia con el Señor, las lágrimas nuevamente rodaron por su rostro. Dios transformó totalmente su existencia a través de pasar momentos en su presencia.

Ahora Sigues Tú

La sección siguiente del libro trata de varias reflexiones que te ayudarán en tu jornada; no obstante, tal vez, prefieras comenzar de una vez con el Desafío de Cuarenta Días de Adoración. Si es así, ¡procede a la Sección 3 y comienza! Después podrás volver a la Sección de Reflexiones.

Sin importar si has sido cristiano por más de dos décadas, como el pintor, o si apenas comienzas a conocer a Dios, puedes descubrir un nivel más profundo de relación con él. Cada mañana, Dios está esperando pasar tiempo contigo. Día a día, él planea buenas cosas para ti.

Oro para que el Desafío de Cuarenta Días de Adoración te ayude a conocerle mejor.

El Desafío

SECCIÓN 2

Reflexiones

Reflexión 1

RENDIR

**Ponte en la manos de Dios
y rinde tu voluntad
a su voluntad.**

Oh, hijo mío, dame tu corazón; que tus ojos se deleiten en seguir mis caminos (Proverbios 23:26).

"Me está costando trabajo rendir mi vida a Dios, porque no estoy segura que él pueda hacer mejor las cosas de lo que yo hago".

La joven que hablaba era una estudiante en mi curso de oración, y había levantado la mano para hacer un comentario. No estaba siendo rebelde, sino honesta. Se había dado cuenta que el conflicto de pensamientos y emociones en su corazón eran por su falta de confianza en Dios.

Lo que llamó más mi atención sobre este comentario fue que se suscitó en la semana diez de la clase. Habíamos hablado sobre la rendición a Dios desde la semana uno. Tomó más de dos meses en darse cuenta de los sentimientos en su corazón.

Su lucha no es inusual. Estoy seguro que todos nos podemos identificar con ella—Yo sí me identifico. No es fácil rendirnos a Dios. Parte del problema es, porque no nos damos cuenta de qué tan neciamente independientes somos.

La rendición es el primer acto de adoración, y es la mejor manera de iniciar nuestro tiempo con Dios. Es la demostración de nuestro amor, confianza, deseo de relacionarnos y fe en Dios.

Romanos 12:1 dice, "Por lo tanto, amados hermanos, les ruego que entreguen su cuerpo a Dios por todo lo que él ha hecho a favor de ustedes. Que sea un sacrificio vivo y santo, la clase de sacrificio que a él le agrada. Esa es la verdadera forma de adorarlo". La rendición no comienza con ninguna acción corporal; es un acto interno, una decisión de la voluntad. Es la elección dentro del corazón de entregárselo al Creador (Lucas 9:23-24).

A través de su vida, Jesús mostró rendición al Padre; pero en el Getsemaní enfrentó una encrucijada. Con angustia, porque sabía que estaba por ser arrestado y crucificado, oró tres veces: "Sin embargo, quiero que se haga tu voluntad, no la mía" (Lucas 22:42). Él sabía que tenía que rendir su propia voluntad para poder ganar nuestra salvación. Fue un momento decisivo en la historia.

También nosotros enfrentamos una elección. ¿Cederemos a Dios nuestra voluntad y confiaremos en que él puede guiarnos? O ¿Andaremos por la vida en nuestras fuerzas, fingiendo que podemos controlar nuestras vidas y destinos?

Durante los próximos cuarenta días vamos a aplicar el principio de Mateo 6:33–34: buscar a Dios y vivir un día a la vez. Vive con propósito, comenzando cada día en íntima relación con Dios, entregándote a él por completo y dejando que tu día fluya a partir de allí. Aprende a caminar en el Espíritu momento a momento, cultivando la conciencia de la presencia de Dios en tu vida.

El Hábito de la Rendición

Para comprender el valor de la rendición, es necesario practicarla continuamente. No basta con saber lo que significa, ni estar de acuerdo con ello intelectualmente. Es necesario hacerlo. Comienza tus días con rendir conscientemente tu voluntad, tu mente, tu corazón y tus emociones a Dios.

Es un acto sencillo pero de corazón, el cual debe repetirse diariamente hasta que se convierta en un hábito. Antes de hacer cualquier otra cosa, encuentra un lugar tranquilo donde puedas sentarte junto a Dios, igual que María en el capítulo 10 de Lucas. Dile al Señor que reconoces que tu vida no te pertenece, que no puedes dirigirla sin su ayuda y su dirección, y que rindes todo el control a él.

Un corazón contrito y humillado es lo que a él le agrada. Reconociendo el señorío de Dios en tu vida te prepara para comenzar a recibir de él. Abre el camino para un día de éxito al caminar en el espíritu. La autosuficiencia es un impedimento para oír la voz de Dios y hacer su voluntad.

Una de las más grandes pruebas que enfrentamos en la vida es la diaria subordinación de nuestra voluntad a la voluntad de Dios. Una vez que logremos vencer en este punto, todo lo demás comenzará a caer en su lugar. Si no lo logramos, caeremos frecuentemente en las confusiones y frustraciones de la vida, con falta de paz interior y contentamiento.

La rendición es la única opción lógica una vez que nos damos cuenta de quiénes somos y quién es Dios. Nuestras vidas no nos pertenecen: fuimos comprados por Jesús, y nuestras vidas le pertenecen a él. "Ustedes no se pertenecen a sí mismos, porque Dios los compró a un alto precio" (1 Corintios 6:19–20).

Rendir nuestras vidas a él en verdad—lo bueno y lo malo; el pasado, presente y el futuro—no es fácil, pero con la práctica, se volverá más natural. Por eso es importante desarrollar el hábito de la rendición. Examina la condición de tu corazón todos los días. No dejes que los afanes y las tentaciones te hagan caer en la tentación de querer quitarle a Dios el control de tu vida.

Hermosa Rendición

La rendición nos trae uno de los más preciosos regalos: la presencia y la gracia de Dios. Hebreos 4:16 dice, "Así que acerquémonos con toda confianza al trono de la gracia de nuestro Dios. Allí recibiremos su misericordia y encontraremos la gracia que nos ayudará cuando más la necesitemos".

¿Cómo podremos nosotros, siendo pecadores, entrar a la presencia de un Dios santo? ¿Y eso qué tiene que ver con la rendición?

Dios nos diseñó con el deseo y la necesidad constante de pasar tiempo con el Creador del universo. Esto lo vemos en el caso de Adán y Eva, quienes tuvieron perfecta intimidad con Dios. En cada área de nuestras vidas, Dios quiere tener acceso e influencia en todo momento.

La entrada del pecado a la humanidad llegó a arruinar ese propósito, pero Dios hizo camino a través de Jesús, para que todos pudiéramos volver al Padre. La sangre de Jesús nos abre el acceso a la presencia de Dios. Por eso él dijo, "Yo soy el camino, la verdad y la vida; nadie puede ir al Padre si no es por medio de mí" (Juan 14:6). Él nos abrió el camino.

Efesios 2:18 dice: "Ahora todos podemos acercarnos al Padre mediante el mismo Espíritu Santo por lo que Cristo ha hecho por nosotros". A través de su sacrificio vicario, Jesús se ha convertido en nuestro Sumo Sacerdote en los cielos, y podemos acceder a Dios nuevamente. Él es nuestro "Abba Padre" (Gálatas 4:6).

La mejor elección que podemos hacer es rendir nuestras vidas y nuestra voluntad a Dios. Es parte integral de la salvación. Morimos al pecado y a nuestro yo, declaramos a Jesús como nuestro Señor y salvador, y recibimos vida nueva (Romanos 10:9).

El acto de rendición no termina con la salvación, sino que debe convertirse en un hábito cotidiano. Jesús dijo a los que le seguían, "Si alguno de ustedes quiere ser mi seguidor, tiene que abandonar su manera egoísta de vivir, tomar su cruz cada día y seguirme" (Lucas 9:23). Eso es la rendición.

Cuando nos rendimos a Dios, ganamos mucho más de lo que perdemos. Dios no es un tirano hambriento de poder, que trata de controlar nuestras vidas para su beneficio—él está a favor nuestro. Cuando nos rendimos a él, él toma las piezas rotas de nuestras vidas y nos convierte en sus obras maestras (Efesios 2:10). En sus manos, aún nuestra debilidades y fracasos se convierten en victorias.

Durante los próximos cuarenta días, a medida que vayas cediendo tu corazón a la voluntad de Dios, vez tras vez encontrarás paz y descanso en el plan que Dios tiene para ti. Esa paz es la combinación de paz con Dios, que proviene de la salvación, y la paz de Dios, que significa que tu corazón descansa en él (Efesios 2:17).

Tu vida encontrará un nuevo significado y dirección. Recibirás limpieza de toda impureza que se haya acumulado en tu mente y tu corazón a través de los años.

Aprenderás lo que significa "deleitarte en el Señor" (Salmo 37:4). La palabra hebrea traducida como "delicia" en este versículo significa "ser suave y moldeable" (Strongs). Tu corazón se volverá tierno y moldeable, atento a la voz del Espíritu Santo, y Dios combinará sus pensamientos con los tuyos en una manera nueva. Rendirte a él cada día te permitirá sentir el fluir del Espíritu Santo en ti.

Resistencia

La rendición es el primer paso para conectarte verdaderamente con Dios, pero puede ser muy difícil. Lo que escribió otro de mis alumnos en una tarea del curso fue: "El reto más difícil en este desafío fue entregarle todo a

Dios de manera voluntaria: todo lo que había en mi mente, mis problemas, mis circunstancias, mis temores y mis ansiedades".

He escuchado decir que el problema con un sacrificio vivo es que tiende siempre a bajarse del altar. Nuestra carne—nuestra vieja naturaleza—se resiste a rendirse. Por eso muchas veces nuestra mente se llena de motivos y razones para no levantarnos temprano a nuestros encuentros con Dios. Nuestro lado carnal es altamente egoísta y está en directa oposición a la vida rendida a Dios. Sin embargo, el único camino a la vida verdadera es renunciar a nuestra propia vida.

Otra de las causas por qué con frecuencia nos resistimos a rendirnos es porque no nos damos cuenta de cuánto Dios nos ama. Tenemos conflicto con la idea de nuestra valía para ser amados, y por eso nos cerramos ante aquel que verdaderamente nos ama.

Tal vez, en el pasado experimentamos modelos de amor malos e imperfectos. Quizás alguien se aprovechó de nosotros, o fuimos tratados con rudeza, o sencillamente nadie nos mostró amor. Tal vez tengamos amargura contra aquellas personas que nos criaron. Todas esas experiencias pueden afectar el cómo percibimos el amor de Dios hacia nosotros.

Tenemos que dejar que el amor de Dios limpie nuestra mente de cualquier emoción y dolor del pasado. Necesitamos comprender la maravillosa naturaleza del amor de Dios.

Dios es amor (1 Juan 4:8). Ese es el fundamento sobre el cual edificamos. Cuando aún eramos pecadores, Cristo vino y murió por nosotros (Romanos 5:6). Todo lo que hemos hecho en el pasado ha sido limpiado mediante la muerte, el sepulcro y la resurrección de Jesús.

Ahora somos objetos del amor de Dios. Dios no nos creó sólo para amarle—nos creó primeramente para amarnos. Él nos acepta y nos ama así como somos.

Otro de los motivos por los que no queremos rendirnos es porque tenemos temor de ser lastimados o ser defraudados, y ese temor hace que cerremos nuestros corazones. Nuevamente, esto puede tener sus raíces en experiencias pasadas. Tal vez, confiamos en alguien y ese alguien nos defraudó; por lo tanto, ahora sospechamos de cualquier cosa que parezca buena o verdadera.

Es tiempo de bajar la guardia. Hay que dejar de lado nuestras sospechas y confiar nuevamente. Dios no nos defraudará. No nos dejará ni nos abandonará. No abusará de nosotros ni nos manipulará.

La culpabilidad también es foco de resistencia. Dudamos en acercarnos a Dios porque su santidad resalta nuestra pecaminosidad. Esto les sucedió a Adán y Eva en el huerto del Edén, después que pecaron. Cuando se dieron cuenta que estaban desnudos, sintieron temor y se escondieron de la presencia de Dios (Génesis 3:7-10).

La respuesta no es ser más santos, sino recibir la gracia que hay en Jesús. Como lo mencioné anteriormente, Jesús hizo camino para que podamos acercarnos al Padre—no en nuestros méritos, sino por medio de él.

Acércate a Dios confiadamente, rinde tu vida a él sin temor de que te vaya a castigar por tus errores del pasado. Él te espera con perdón y sus brazos están abiertos esperándote.

Sea esta resistencia consciente o inconsciente, es tiempo de renunciar a ella. Tal vez, has sentido que estás en un bache en tu caminar con Dios. Estoy seguro que estás leyendo esto con un propósito. Tu corazón se siente movido a entrar más profundo en tu relación con Dios, porque Dios está dispuesto a hacer cosas nuevas en tu vida. Es importante que creas que las cosas viejas pasaron, y que vienen cosas nuevas (2 Corintios 5:17). Dios tiene tanto que darte y tú lo has estado percibiendo con tu corazón.

Este no es el tiempo para retroceder en tu búsqueda de Dios—es el tiempo para esforzarte. Lee Jeremías 29:11–12. Dios tiene un futuro maravilloso para ti, pero es necesario que te rindas a sus planes para darte ese futuro.

No te conformes a la relación que tenías con Dios hace años. Es tiempo de asumir el reto y hacer algo diferente—no por fuerza u obligación, sino por la pasión de buscar a Dios y acercarte a él en una nueva relación.

En Dios siempre hay más. Su amor y su bondad ¡son inagotables! Dice Efesios 3:18, "Espero que puedan comprender, como corresponde a todo el pueblo de Dios, cuán ancho, cuán largo, cuán alto y cuán profundo es su amor".

Haz lo que hizo el rey David en el Salmo 42:1—clama por Dios como el ciervo brama en busca de las aguas. Deja que tu sed sea de él y por él solamente. No permitas que nada se interponga entre tú y el amor de Dios.

Te reto a que lo intentes. Durante los próximos cuarenta días rinde tu voluntad a la de él, y veamos qué es lo que Dios hace en ti. Yo lo hice y, ¡cambió mi vida para siempre! ¿Qué puedes perder? Tal vez un poco de sueño, pero eso es algo pequeño comparado con todo lo bueno que Jesús desea hacer en tu vida.

Reflexión 2

CELEBRAR

**Escucha música de adoración
y aprecia quién es Dios y lo que
ha hecho por ti.**

---

*Levántate, oh Señor, en tu poder; con música y cánticos
celebramos tus poderosos actos (Salmo 21:13).*

Adorar es una cuestión del corazón que comienza con
una voluntad rendida, tal como lo mencioné en páginas
anteriores. Pero en su forma más expresiva, la adoración
es una celebración musical oral sobre quién es Dios y lo
que él ha hecho (Salmo 150).

Efesios 5:18–19 dice, "No se emborrachen con vino, porque eso les arruinará la vida. En cambio, sean llenos del Espíritu Santo cantando salmos e himnos y canciones espirituales entre ustedes, y haciendo música al Señor en el corazón".

Creados para Adorarle

Dios nos creó para adorarle con gozo y admiración. De manera natural, anhelamos expresarle lo que sentimos por él con palabras del corazón y música. Aún aquellos que no se consideran muy musicales típicamente disfrutan diferentes tipos de música. De alguna forma, la belleza y la poesía de las notas, el ritmo y la letra nos permiten expresar sentimientos que son difíciles de describir con palabras.

Si celebramos su amor y bondad, veremos como nuestras relaciones con él son revolucionadas. Si queremos desarrollar una continua conciencia de su presencia en nuestras vidas, la música y la adoración juegan un papel muy crucial.

Una joven que recientemente tomó el Desafío de Cuarenta Días me dijo, "Definitivamente, puedo conectarme con Dios mejor mediante la sencilla adoración. Me encanta la adoración porque me lleva a una desbordada sensación de rendición. Puedo declarar que él es Dios, no yo".

Todos adoramos algo. Puede ser Dios, nuestro cónyuge, la felicidad, una carrera o todo aquello que ocupa el primer lugar en nuestras vidas.

El objeto de nuestra adoración afecta profundamente el curso de nuestras vidas, por dos razones: Primera— puesto que la adoración dirige el enfoque de nuestros corazones y pensamientos, aquello a quien adoramos ejerce el control de nuestras vidas. Segunda—tendemos a parecernos a aquella cosa o persona que adoramos. Nuestros estilos de vida, comportamiento, valores y elecciones se parecen a aquella persona o cosa que adoramos.

Cuando ponemos a Dios primero en nuestras vidas mediante la diaria entrega de nuestra voluntad (Mateo 6:33), estamos haciendo a Dios el enfoque de nuestra adoración. Él es quien influye en todas las áreas de nuestras vidas. Su identidad queda impresa en las nuestras, y sus deseos nos guían y moldean nuestras vidas.

Como dice la Biblia, somos transformados a su imagen. "El Señor, quien es el Espíritu, nos hace más y más parecidos a él a medida que somos transformados a su gloriosa imagen" (2 Corintios 3:18).

La intimidad con Dios comienza con un encuentro personal. Cuando lo encontramos, somos transformados, puesto que su luz y su amor brillan en nosotros (Efesios 1:18).

Un Motivo para Celebrar

En tales momentos con Dios, podemos celebrar lo que él ha hecho, lo que está haciendo y lo que va a hacer en nuestras vidas. Celebrar las buenas cosas que recibimos con acción de gracias es la mejor fórmula que hay para vencer pensamientos y emociones negativas.

El mayor regalo que Dios nos ha dado es la salvación (Efesios 2:4–10). Cuando entendemos la maravillosa gracia que Dios nos ofrece a través de Jesús, nuestra respuesta natural es gozo, gratitud y celebración de todo corazón.

Dios nos creó para estar en su presencia y para disfrutar comunión e intimidad con él. Cuando el pecado entró a la raza humana, ocasionó la inmediata separación de Dios. Dios es santo y el pecado no puede estar en su presencia. Sin embargo, Dios ama tanto al mundo que no podía dejar las cosas como estaban. Él proveyó el camino para que pudiésemos regresar a él por medio de Jesús. Jesús vivió una vida perfecta. Él no merecía la muerte. No obstante, él murió en nuestro lugar y derrotó a la muerte con su resurrección.

En el tiempo de la vida y muerte de Jesús, el templo de Jerusalén tenía un velo que separaba el lugar santísimo—donde habitaba la presencia de Dios—del resto del templo. Este velo representaba la separación entre Dios y el hombre. Por causa del pecado, el hombre no tenía acceso a la presencia de Dios.

Cuando Jesús exhaló su último aliento en la cruz, la tierra tembló violentamente y el velo del templo se partió en dos (Mateo 27:51). Se rasgó de manera sobrenatural de arriba a abajo, significando que Dios estaba haciendo camino para que el hombre tuviera una relación con él.

Al igual que el velo del templo, la separación espiritual entre Dios y la raza humana se partió en dos por medio de la sangre de Jesús. Él pagó, de una vez y para siempre, por todos nuestros pecados. Efesios 2:18 dice, "Ahora todos podemos tener acceso al Padre por medio del mismo Espíritu Santo gracias a lo que Cristo hizo por nosotros". La muerte de Jesús y su resurrección abrieron camino para que nosotros podamos volver a tener una relación íntima y permanente con nuestro Creador.

Existen muchos motivos para celebrar, pero el más grande es por el regalo del perdón y la restauración de nuestra relación con él. Durante el Desafío de Cuarenta Días de Adoración, te animo a reflejar sobre este regalo de la gracia y a celebrar su libertad para disfrutar su presencia (2 Corintios 3:17).

Sé un Adorador

No necesitas ser musical para ser un adorador. La tecnología moderna nos permite tener acceso a la mayor colección de música de adoración que haya existido.

No soy músico para nada. Hace años tomé alguna clase de guitarra. Después de varias semanas dolorosas, el maestro de guitarra dijo, "Dios te ha dado dones, pero no creo que tocar un instrumento musical sea uno de ellos". Esa era la verdad, ¡pero qué doloroso fue escucharla! Me gustaba la música, especialmente para adorar al Señor. Algunas personas pueden producir bella música por su cuenta, otros pueden utilizar la buena música creada por otros para auxiliarse en hacer música para Dios. De cualquier manera, la música es una clave para adorar y celebrar todo lo que Jesús ha hecho y hará.

Yo no soy muy bueno con eso de la tecnología, así que le pedí a un amigo que me acondicionara mi mp3. Me encanta, porque cada mañana en sólo segundos, música de adoración satura mis oídos, y de inmediato me siento otra vez en la presencia de Dios.

El punto del Desafío de Cuarenta Días de Adoración es el de pasar tiempo con Dios. No es tratar de impresionarle con nuestras habilidades musicales. La música de adoración es sólo la entrada a su presencia; utilízala de la manera que mejor funcione para ti. De hecho, si sabes tocar algún instrumento musical, a la mera y te distraiga menos prescindir de él durante tu devocional matutino y auxiliarte de música de adoración grabada. Tendrías las manos libres para hacer anotaciones en tu diario.

Para adorar a Dios todos los días, es necesario hacer un plan. Muchos nos despertamos en la mañana con un poco de nubosidad—tal vez algo deprimidos, o con ansiedad o desalentados. Los afanes del día aparecen frente a nosotros el momento que abrimos los ojos, y nuestra tendencia natural es tratar de ignorarlos o resolverlos en nuestras propias fuerzas. La oración, y especialmente celebrar a Jesús mediante la adoración, es lo último que se nos viene a la mente.

Allí es donde entra la preparación. Designa un lugar específico donde puedas ir a buscar a Dios cada mañana. Acércate tu Biblia, música de adoración, un diario, una pluma y ya estás listo para comenzar. La idea es salirte de la cama directo a entrar en su presencia. No importa si te sientes o no "adorador", sólo enciende tu música. Escúchala. Gira tu atención hacia Dios y olvídate de los afanes de la vida. Deja que tu corazón comience a cantar los cantos que estás escuchando, aún si tu boca se rehúsa. Celebra a Jesús con la letra de las canciones.

Dependiendo de dónde te encuentres, tal vez quieras cantar en voz alta. También puedes usar tus propias frases—básicamente, cantar tu propia oración. Si quieres puedes permanecer en silencio y dejar que la letra de las canciones te ministre. A menudo, alguna frase de la canción resalta de las demás, y tu atención se enfocará en ella por algún tiempo meditando en las verdades contenidas mientras la música continúa. Otras veces, el Espíritu Santo hablará a tu corazón cosas totalmente diferentes a la música que escuchas.

Independientemente de la forma que tome tu tiempo de adoración, te darás cuenta que la atmósfera de adoración prepara tu corazón para recibir lo que Dios tiene para ti. El salmista escribe, "Entren por sus puertas con acción de gracias; vayan a sus atrios con alabanza. Denle gracias y alaben su nombre" (Salmo 100:4).

La dinámica de la adoración mediante la música es una de las mejores formas de experimentar la presencia del Espíritu Santo. La intención aquí es la de experimentar la continua presencia del Espíritu como una fuente que fluye. Es darle total libertad al Espíritu de Dios en nuestras vidas.

A menudo se conoce esto como el fluir del Espíritu, y a menos que lo experimentemos personalmente, es difícil describirlo en palabras. Se trata de la suave interacción del Espíritu Santo con nuestros corazones. Es sentir la presencia de Dios allí donde estamos, hablándonos y pasando tiempo con nosotros. Se trata de una experiencia personal con él.

El fluir es su presencia en nuestras vidas, y esto sólo sucede con nuestro consentimiento. Jesús dijo que "de su corazón, brotarán ríos de agua viva" (Juan 7:38). Al rendir tu corazón a él, experimentarás el fluir de la vida que proviene de Dios.

Cuando comenzamos a fluir en el Espíritu, la oración se convierte en algo totalmente natural. No tenemos que forzar o inventar nada. Nos encontraremos inmersos en su presencia, deleitándonos en él, hablándole y escuchándole, cantándole o permaneciendo en total quietud.

Ser llenos del Espíritu es más que una experiencia emocional. Es un catalizador para la transformación. Efesios 5:19, el cual leímos en líneas anteriores, dice: "haciendo música al Señor en el corazón". El corazón es el centro de nuestros pensamientos, sentimientos y decisiones. De aquí provienen las actitudes y las convicciones. Este es el lugar fértil donde la Palabra de Dios puede tomar carne y crecer (Lucas 8:11–15).

Romanos 12:2 dice, "Dejen que Dios los transforme en personas nuevas al cambiarles la manera de pensar". Al meditar en adoración en la multiforme bondad de Dios, nuestros pensamientos y emociones serán restaurados. Es como reiniciar nuestra mente.

Fluir en el Espíritu o ser llenos del Espíritu durante nuestros tiempos devocionales inundará cada área de nuestras vidas. Durante el día nos será más fácil distinguir la voz del Espíritu Santo, lo que nos permitirá tomar mejores decisiones, resistir las tentaciones, ver la vida como Jesús la ve, caminar en los frutos del Espíritu (Gálatas 5:22–23) y operar en los dones del Espíritu Santo (Romanos 12:6–8).

Enfoque

Colosenses 3:1 dice, "Busquen las cosas de arriba" (NVI). Esto habla de enfoque: Fijando nuestra atención, nuestros valores y nuestra pasión en el Señor, y cumpliendo con Mateo 6:33—buscar primero el reino de Dios—desde que comencemos nuestro día.

La meta es iniciar el día con Dios al centro de los deseos de nuestro corazón. Estos cinco puntos describen el proceso de crecimiento en la intimidad con Dios:

Fija tu mirada.

"Fijemos la mirada en Jesús, el iniciador y perfeccionador de nuestra fe" (Hebreos 12:2 NVI).

Abre tu corazón.

"¡Mira! Yo estoy a la puerta y llamo. Si oyes mi voz y abres la puerta, yo entraré y cenaremos juntos como amigos" (Apocalipsis 3:20).

Conecta tu espíritu.

"Pero fue a nosotros a quienes Dios reveló esas cosas por medio de su Espíritu. Pues su Espíritu investiga todo a fondo y nos muestra los secretos profundos de Dios" (1 Corintios 2:10).

Da paso a su presencia.

"Así que acerquémonos con toda confianza al trono de la gracia de nuestro Dios. Allí recibiremos su misericordia y encontraremos la gracia que nos ayudará cuando más la necesitemos" (Hebreos 4:16).

Comienza a fluir

"¡Todo el que crea en mí puede venir y beber! Pues las Escrituras declaran: "De su corazón, brotarán ríos de agua viva" (Juan 7:38).

Fija Tu Mirada

Comienza por enfocarte en Jesús al tiempo que escuchas las música de adoración. Hebreos 12:2 dice, "Fijemos la mirada en Jesús, el iniciador y perfeccionador de nuestra fe" (NVI). La palabra griega para "fijar" significa "considerar con atención"; proviene de la palabra "mirar a" (Strongs). Atentamente enfoca tus ojos en Jesús. No te desanimes si por ratos tu mente divaga—vuélvete a enfocar. Por supuesto, él siempre te está viendo. Lo que tú haces simplemente es devolver la mirada, cara a cara con él (Éxodo 33:11). Esa es la mejor forma posible de iniciar cada día.

Abre Tu Corazón

La adoración es una combinación de rendimiento y pasión. Mientras la música está tocando, abre tu corazón al Señor.

Apocalipsis 3:20 dice, "¡Mira! Yo estoy a la puerta y llamo. Si oyes mi voz y abres la puerta, yo entraré y cenaremos juntos como amigos". Imagínate tú yendo a la puerta a abrirle al Señor y a su amor por ti. María se sentó a los pies de Jesús para escucharle, como nosotros debiéramos (Lucas 10:39). Dios quiere hacer su morada en nuestros corazones.

Conecta Tu Espíritu

En este punto de tu encuentro con Dios, él quiere conectar su Espíritu a tu corazón. Esto se logra en momentos íntimos de rendición y de comunicación con él. Estos momentos no pueden describirse en términos humanos porque son la interacción del Espíritu de Dios con tu corazón.

No te rehúses por cuestión de dudas que tengas, temores o inseguridades. Si comienzas a desarrollar nuevos sentimientos o emociones, no te atemorices. Mantén tu atención en Jesús, en su amor por ti y en tu amor por él.

Da Paso a Su Presencia

Dios siempre está presente. Hay niveles más profundos de su presencia y ocurren cuando lo más íntimo de nuestro ser tiene ese encuentro con el Espíritu del Dios viviente. Esto es más que emociones, aunque ciertamente nuestras emociones pueden estar involucradas. Se trata de la poderosa, real y tangible presencia de Dios.

En la sociedad, las personas promedio tienen poco o ningún contacto con las altas esferas de gobierno. Cualquier acceso es bastante restringido y deben observarse reglas y protocolos. Pero no es así con Dios, el Rey del universo. Hebreos 4:16 dice que podemos entrar confiadamente a su presencia cuando queramos y pedir lo que necesitemos.

Consciente e intencionalmente recuérdate a ti mismo de su presencia. Abre tu espíritu y deja que su presencia se sienta. Cree que él te ama, que se deleita con verte y que desea que te sientas pleno y gozoso. Dios no es solamente el creador de la tierra: es también tu creador y se deleita en pasar tiempo contigo.

Comienza a Fluir

A partir de ahora comienza el fluir. Puedes fluir en la oración petitoria o de intercesión, o puedes seguir escuchando tu música. Manténte abierto al fluir del Espíritu Santo y la dirección de Dios, mientras sigues escuchando la música de adoración.

Este encuentro produce el fluir del Espíritu Santo en tu vida. Sabrás cuando esto comience a ocurrir. Es la vida misma que viene de Dios moviéndose en ti y produciendo un intercambio divino entre él y tú; la fortaleza de Dios por tus debilidades (Isaías 40:31).

Si es necesario interrumpir el fluir del Espíritu, el Señor hablará a tu corazón. Él quiere tener amistad contigo, pero el pecado puede interrumpir tu relación con él. Si estás atento a su voz él te redargüirá de cualquier falta en que hayas incurrido o de cualquier pecado oculto que pudiera interrumpir tu relación con él.

Si esto ocurre, responde con sencillez a lo que estás sintiendo. Pídele perdón y recibe su amor. Deja que la gracia que necesitas fluya en tu corazón. Tus manos quedarán limpias y tu corazón puro para recibir de su presencia lo que él tiene para ti (Salmo 24:3–6).

Responde prácticamente a la dirección del Espíritu Santo. Si algún canto te ministra en lo particular, repítelo varias veces. Si te sientes movido a leer la Biblia o algún devocional, o tal vez quieras anotar algo en tu diario, adelante, hazlo.

Dios quiere que experimentes las increíbles profundidades de su amor por ti. Como dice David, "Prueben y vean que el Señor es bueno" (Salmo 34:8). En Dios experimentaremos el cumplimiento de nuestras necesidades humanas de libertad, amor, aceptación, paz, gozo y propósito. La Biblia lo resume de la siguiente manera: "Pues en él vivimos, nos movemos y existimos" (Hechos 17:28).

Si has recibido la bondad de Dios en tu vida—y todos la hemos recibido—tómate el tiempo para expresarle tu gratitud y adoración. Dios responderá a tu celebración por él. Santiago 4:8 dice lo siguiente, "Acérquense a Dios, y Dios se acercará a ustedes".

Comienza cada día de los próximos cuarenta en una intimidad con Dios no programada, sólo rindiéndote a su perfecta voluntad, escuchando música de adoración y celebrando lo que Jesús ha hecho por ti.

¡Vale la pena celebrar su bondad!

Reflexión 3

MEDITAR

**Reflexiona sobre las Escrituras
y deja que el Espíritu Santo
las aplique en tu vida.**

Sean, pues, aceptables ante ti mis palabras y mis pensamientos, oh Señor, roca mía y redentor mío (Salmo 19:14).

"Había algo maravilloso en despertar cada mañana y dedicar tiempo para poner a Dios en primer lugar y pensar en él; lo maravilloso e imponente que es él. Tan sólo esos pequeños momentos tenían gran impacto en el resultado de mi día. Mi día estaba lleno de una nueva sensación de paz en su presencia, no importaba qué hiciera". Así es como una joven de nombre Ana resumió toda su experiencia en el Desafío de Cuarenta Días de Adoración. Descubrió la importancia de fijar sus pensamientos en Dios en vez de dejarse distraer y desmayar ante la serie de circunstancias que le rodeaban.

Cada minuto y todos los días, en nuestros derredores se libra una grande batalla. Aunque no la veamos, existe una batalla espiritual entre el bien y el mal (Efesios 2:2-3). La lucha de esta vida ocurre en la mente. Continuamente, hay una batalla por el control de nuestros pensamientos en los múltiples frentes en que nos desenvolvemos.

Somos participantes activos en dicha batalla; no somos espectadores nada más. Abraham, Moisés, David, Jesús y sus discípulos: todos lucharon. Y mediante la gracia de Dios, podemos salir igual de victoriosos que ellos.

La clave para mantener rectos los pensamientos es permitir que la Palabra de Dios nos transforme mediante la renovación de nuestras mentes. Romanos 12:2 dice, "No imiten las conductas ni las costumbres de este mundo, más bien dejen que Dios los transforme en personas nuevas al cambiarles la manera de pensar. Entonces aprenderán a conocer la voluntad de Dios para ustedes, la cual es buena, agradable y perfecta".

Nuestros pensamientos íntimos deben ser renovados. La Biblia es la Palabra de Dios y es capaz de guardar y dirigir nuestras mentes en todas las áreas (2 Timoteo 3:16). Es necesario aprender a pensar conforme a la Palabra: pensamientos puros, íntegros, llenos de fe (Filipenses 4:8).

La meditación cotidiana acerca de la Palabra es un elemento crucial en el Desafío de Cuarenta Días de Adoración. Después de rendir nuestras vidas de manera voluntaria, y después de comenzar a fluir en el Espíritu celebrando la bondad de Dios para con nosotros, necesitamos tomar tiempo para meditar en su Palabra y para que nuestras mentes sean renovadas.

Meditar, desde la perspectiva de la Biblia, significa enfocar nuestros pensamientos acerca de las verdades que ésta nos enseña y dejar que hable a nuestras vidas. No se trata de vaciar nuestras mentes de todos los pensamientos, ni tampoco se trata de algún ejercicio de relajación o técnica de enfoque. Cuando meditamos en la Palabra de Dios, intencionalmente estamos digiriendo todo lo que leemos. Contemplamos verdades o versículos específicos, los evaluamos, interactuamos con ellos, nos sometemos a ellos y los aplicamos a nuestras vidas.

La meditación es diferente a sólo leer. Leemos la información, pero meditamos para ser transformados. Piensa en lo que lees hasta que esto comience a tener impacto en tu vida. Tiene que llegar a ser algo personal—una Palabra de Dios que hable directamente a tu vida.

El Salmo 1:2–3 describe la salud y vitalidad que experimentan aquellos que meditan en la Palabra de Dios. "Se deleitan en la ley del Señor meditando en ella día y noche. Son como árboles plantados a la orilla de un río, que siempre dan fruto en su tiempo. Sus hojas nunca se marchitan, y prosperan en todo lo que hacen".

La Importancia de La Mente

Quien controle nuestros pensamientos gana control sobre nuestras vidas. Proverbios 23:7 dice, "Porque cual es su pensamiento en su corazón, tal es él" (RV60). La raíz hebrea de la palabra pensar significa "puerta" o "abertura" (Strongs). Se refiere a un lugar de acceso. Tanto el bien como el mal entran a nuestras vidas a través del umbral de nuestras mentes.

La mente siempre ha sido el principal campo de batalla, desde el jardín del Edén, cuando Satanás le mintió a Eva acerca del árbol del conocimiento del bien y del mal (Génesis 3:1–5).

Satanás atacó a Eva a través de sus pensamientos, haciendo que viera al árbol y su fruto como algo diferente a lo que realmente eran.

El ataque de Satanás comenzó con palabras—palabras que no estaban alineadas con la voluntad de Dios. Satanás dirigió sus palabras a la puerta de la mente de Eva. Ella podía decidir cuáles pensamientos admitir y cuáles pensamientos rechazar. Pero ella permitió pensamientos que eran contrarios a lo que Dios había dicho.

Ese es el primer paso del engaño. Nunca subestimes el poder de los pensamientos. El arma más potente de Satanás es su capacidad de engañar. Satanás utiliza la mentira para llevarnos a sacar conclusiones equivocadas acerca de Dios, de nosotros mismos, de los demás, de nuestro propósito en la vida y de cualquier otra área que nos aleje de Dios. Debemos aprender a ser buenos guardadores de nuestras mentes.

¿Hacia dónde van nuestros pensamientos una vez que trasponen el umbral de nuestras mentes? En el evangelio de Lucas, capítulo 8, Jesús nos narra la parábola del sembrador. Compara al corazón con un campo, y la condición del corazón con la tierra. Dependiendo de la condición de la tierra, la semilla—la cual representa la Palabra de Dios—florece o muere.

Jesús describe cuatro tipos de tierra. Tres de ellos no nos conducen a buen crecimiento: la tierra árida, la tierra rocosa y la tierra llena de espinos. Sólo la última, la tierra fértil, que representa un corazón genuino, es capaz de recibir la siembra de la Palabra de Dios y producir una cosecha abundante.

Jesús está diciendo que lo que dejemos entrar a nuestros corazones afecta la condición de nuestras almas y así su capacidad de generar una vida saludable. La semilla era la misma en todos los casos. Era buena y capaz de generar un crecimiento sano. Pero la condición del corazón del que la recibió hizo toda la diferencia.

En el griego, la palabra "corazón" es *kardia*. Se refiere al lugar donde pensamos, sentimos y decidimos. Los pensamientos que dejemos entrar por la puerta de nuestras mentes determinarán la condición de nuestros corazones. Por ello es que los pensamientos que dejemos florecer en nuestras mentes son críticos.

El corazón es donde se mezclan los pensamientos que dejamos entrar a nuestras mentes. Allí es donde desarrollamos nuestras actitudes y convicciones acerca de Dios, la vida, las circunstancias y nosotros mismos. Las actitudes impulsan nuestras acciones; por lo tanto, estas acciones son el resultado de pensamientos y sentimientos que previamente dejamos entrar a nuestros corazones.

Jesús dijo a sus discípulos, "Una persona buena produce cosas buenas del tesoro dc su buen corazón, y una persona mala produce cosas malas del tesoro de su mal corazón. Lo que uno dice brota de lo que hay en el corazón" (Lucas 6:45). La versión Reina Valera 1960 ofrece esta frase al final del versículo: "de la abundancia del corazón habla la boca".

Podemos observar que todo procede de la fuente de nuestros pensamientos y que es crítico que aprendamos a llevar cautivo todo pensamiento a la obediencia a Cristo Jesús. Leemos en 2 Corintios 10:3-5 (NVI):

> Somos humanos, pero no luchamos como lo hacen los humanos. Usamos las armas poderosas de Dios, no las del mundo, para derribar las fortalezas del razonamiento humano y para destruir argumentos falsos. Destruimos todo obstáculo de arrogancia que impide que la gente conozca a Dios. Capturamos los pensamientos rebeldes y enseñamos a las personas a obedecer a Cristo.

Pensando Sobre el Pensar

Uno de los motivos por lo cual patrones de pensamiento destructivos fluyen en nuestra mente es porque no tomamos el tiempo para considerar lo que pensamos.

Haz un rápido inventario mental. ¿Cómo son tus pensamientos? ¿Qué es lo que tiene mayor influencia en tu estado mental? ¿Es la preocupación y el temor? ¿Es la fe y la confianza? ¿Eres capaz de controlar tus pensamientos, o tus pensamientos te controlan a ti?

Nuestros pensamientos son influenciados por muchas cosas. Debemos estar conscientes de esto para que podamos de manera proactiva cultivar corazones y mentes saludables.

La influencia más inmediata en nuestros pensamientos la ejerce nuestro entorno, el cual percibimos por medio de los cinco sentidos. Las cosas que vemos, oímos, tocamos, olemos y probamos pueden tener un impacto positivos o negativo, dependiendo de nuestra condición mental. Debemos eficazmente guardar nuestros sentidos.

La carne también influye sobre nuestros pensamientos. No me refiero aquí al cuerpo físico, sino más bien a nuestra naturaleza caída. La carne es egoísta hasta la médula y nos puede llevar a la esclavitud y dolor en el corazón. Ten cuidado con esa voz interior que es capaz de generarte pensamientos de destrucción.

La guerra interna que percibimos es muy real. Gálatas 5:16–18 explica esto en detalle:

Por eso les digo: dejen que el Espíritu Santo los guíe en la vida. Entonces no se dejarán llevar por los impulsos de la naturaleza pecaminosa. La naturaleza pecaminosa desea hacer el mal, que es precisamente lo contrario de lo que quiere el Espíritu. Y el Espíritu nos da deseos que se oponen a lo que desea la naturaleza pecaminosa. Estas dos fuerzas luchan constantemente entre sí, entonces ustedes no son libres para llevar a cabo sus buenas intenciones, pero cuando el Espíritu los guía, ya no están obligados a cumplir la ley de Moisés.

Este proceso—la naturaleza caída siendo tentada a hacer lo malo—involucra nuestros pensamientos, valores y predisposiciones. Santiago 1:14–15 dice, "La tentación viene de nuestros propios deseos, los cuales nos seducen y nos arrastran. De esos deseos nacen los actos pecaminosos, y el pecado, cuando se deja crecer, da a luz la muerte".

En ocasiones la lucha es agobiante, y para ser honesto, ésta no terminará hasta que estemos unidos con Dios en el cielo. Pero podemos ser victoriosos en cada batalla mediante la gracia de Jesús. Mientras más meditemos en él, más dejará la carne de tener dominio sobre nosotros.

Aparte del entorno y la carne, nuestros pensamientos pueden ser afectados por el mundo espiritual. Tanto el Espíritu Santo como los espíritus demoníacos pueden influenciarnos, dependiendo de la voz que escuchemos y cómo respondamos a ésta.

Vemos esto ilustrado en Hechos 5, cuando Ananías y Safira intentaron mentir acerca de dar a la iglesia. Pedro de manera directa hace referencia a la influencia de Satanás en sus mentes: "Ananías, ¿por que has dejado que Satanás llene tu corazón? Has mentido al Espíritu Santo, reteniendo parte del dinero para ti" (versículo 3).

La Biblia llama a Satanás "el tentador". Tiene la capacidad de influenciar nuestros pensamientos con la intención de engañarnos para que hagamos lo contrario a la voluntad de Dios y su propósito en nuestras vidas. Claro, eso no significa que estemos obligados a ceder a esos pensamientos. Cuando nos damos cuenta que proceden de una fuente diabólica, debemos rechazarlos y llenar nuestras mentes con pensamientos de Dios.

En resumen, todo en nuestro derredor, visible e invisible, ejerce influencia sobre nuestros pensamientos y compite por ese lugar que llamamos corazón. La tarea es identificar la fuente de nuestros pensamientos y asegurarnos que meditemos en pensamientos saludables llenos de Dios. Filipenses 4:8 dice, "Y ahora, amados hermanos, una cosa más para terminar. Concéntrense en todo lo que es verdadero, todo lo honorable, todo lo justo, todo lo puro, todo lo bello y todo lo admirable. Piensen en cosas excelentes y dignas de alabanza".

Guardianes de Corazones

Hemos visto que nuestros pensamientos no son inactivos o pasivos. Sepámoslo o no, siempre están activos, influyendo y conformando nuestras vidas.

El corazón es un lugar fértil, y los pensamientos que dejemos que tomen raíz en él, se convertirán en actitudes y acciones y, finalmente, en nuestros destinos.

Estamos llamados a ser guardianes de nuestros propios corazones. Proverbios 4:23 dice, "Sobre todas las cosas cuida tu corazón, porque éste determina el rumbo de tu vida". Todos debemos aprender a ser guardianes de excelencia, llevando todo pensamiento cautivo.

Para convertirnos en excelentes guardianes de nuestros corazones, es imperativo que leamos y meditemos sobre la Palabra de Dios todos los días. Esta es la clave para tener una mente renovada. David dijo, "He guardado tu palabra en mi corazón, para no pecar contra ti" (Salmo 119:11).

La Palabra de Dios es viva y eficaz. Entra al corazón como semilla y hace crecer las verdades de quién es Dios, cuánto nos ama, cuál es su propósito para nuestras vidas, y cómo debemos pensar y comportarnos. Hebreos 4:12 dice, "Pues la palabra de Dios es viva y poderosa. Es más cortante que cualquier espada de dos filos; penetra entre el alma y el espíritu, entre la articulación y la médula del hueso. Deja al descubierto nuestros pensamientos y deseos más íntimos".

La Palabra de Dios es luz a nuestros pies en un camino oscuro (Salmo 119:105). El mundo es un lugar oscuro: pensamientos y actitudes incorrectas pueden fácilmente hacernos tropezar. La verdad de Dios ilumina nuestros caminos, expone el pecado y nos dirige en el camino correcto.

La Palabra de Dios es una carta de amor dirigida a nosotros. La tendencia humana es dudar del amor de Dios, porque estamos demasiados conscientes de nuestros fracasos. Los pensamientos de Dios hacía nosotros están escritos en su Palabra; él desea plasmar esos buenos pensamientos en nuestros corazones.

Ten un corazón hambriento de oír la voz de Dios. Haz un plan para comenzar a leer la Palabra todos los días, como parte de tu devocional.

Por los siguientes cuarenta días, al presentarte delante de Dios con una vida rendida, usando música para celebrar al Señor, verás que tu corazón se sentirá receptivo a la Palabra de Dios. Este es un buen momento para meditar en las Escrituras.

Comienza a leer la parte de la Biblia que hayas escogido para el día. Pide al Espíritu Santo que te ayude a entender lo que estás leyendo. El Espíritu vino para ayudarte a discernir la Palabra de Dios y a aplicarla en tu vida. No temas pedir su ayuda. La Biblia nos insta que pidamos, busquemos y toquemos (Mateo 7:7).

Deja que el Espíritu Santo te hable a través del pasaje y medita en lo que él te diga. Deja que los pensamientos de su Palabra se mezclen con tus pensamientos y permite que Dios haga su obra en tu interior. No te frustres si no entiendes todo lo que estés leyendo—continúa leyendo y meditando en su Palabra todos los días; confía en que el Espíritu Santo te revelará todo lo que necesitas saber.

Mediante la meditación en la Palabra de Dios, desarrollarás mayor sensibilidad a su presencia en tu vida. Él es su Palabra, y su Palabra es él. Al interactuar con su Palabra, interactúas con Jesús mismo (Juan 1:1–4).

El Espíritu Santo y su Palabra revelarán cualquier actitud o doctrina equivocada. La Biblia define esas cosas como fortalezas y argumentos falsos (2 Corintios 10:3–5). Todos experimentamos esas cosas, pero a medida que cedemos a la lectura y la meditación de la Palabra de Dios, nuestras mentes y corazones serán purificados.

Puede que experimentes resistencia a querer comenzar. Esto sucede porque existe una batalla por tu alma. El enemigo no quiere que comiences.

En la sección del Diario al final del libro, encontrarás versículos sugeridos para los primeros cuarenta días. Esto sería un buen punto de inicio. Si tienes un plan de lectura diferente, o si utilizas diariamente un devocional que contenga versículos, puedes optar por usarlos. Con los años, yo he utilizado diferentes guías de lectura y meditación en la Palabra de Dios.

El punto es iniciar meditando en la Palabra de Dios cada mañana. Relájate y disfruta tu jornada. No tienes que tratar de leer demasiados pasajes de las Escrituras cada vez—puedes dedicar todo el tiempo a un sólo pasaje, o a un sólo versículo.

Al estar leyendo en la atmósfera de la presencia de Dios, puede que el algún momento te sientas conmovido con respecto a algunos pasajes de la Biblia. Podría ser que Dios te esté hablando o revelando algo por medio de su Palabra.

Un día, después de su resurrección, Jesús pasó varias horas caminando y hablando con dos hombres en el camino a Emaús (Lucas 24:34–39). Estos no lo reconocieron, pero estaban sorprendidos de cómo les hablaba la Palabra de manera vivificante. Más tarde, describieron el asunto de esta manera: "¿No ardía nuestro corazón cuando nos hablaba en el camino y nos explicaba las Escrituras?" (versículo 32).

Esto es lo que hace el Espíritu Santo en nosotros cuando tomamos tiempo para leer y meditar en la Escritura.

Anota en tu diario los versículos y pensamientos que te inspiren. Es Dios que te habla a través de su Palabra. Querrás acordarte de lo que leíste y estudiaste para reflexionar sobre ello más tarde.

A medida que te disciplinas a leer la Palabra de Dios cada mañana, su semilla quedará sembrada en tu corazón; y con el tiempo, se convertirá en un hermoso jardín de verdades eternas. Puede que no te des cuenta de momento del poderoso efecto que va teniendo en tu vida, pero a medida que vas disfrutando la presencia de Dios mediante la rendición, celebración y meditación, su vida comenzará a fluir dentro de tu corazón.

Descubrirás que el aspecto meditativo de tu oración seguirá durante todo el día. Tu forma de pensar cambiará. Estarás más consciente de los pensamientos de Dios. Podrás discernir los pensamientos erróneos y las actitudes incorrectas con mayor rapidez, y te verás aplicando de manera práctica lo que Dios te haya revelado durante la mañana.

Meditar quiere decir pensar en algo de manera repetida. El modismo "rumiar" o "masticar algo por un rato", es esencialmente lo que significa meditar. Las vacas y otros animales rumian su comida; es decir, la tragan y la vuelven dentro de su sistema a veces durante horas, hasta que quede listo para ser digerido adecuadamente.

Rumiamos la Palabra de Dios al traerla repetidamente a nuestra mente, hasta sacar todo lo bueno que podamos para digerir su significado. La Palabra de Dios es alimento a nuestro corazón igual que la comida natural lo es para nuestro cuerpo; y lo que ingerimos, finalmente se convierte en parte de lo que somos.

La palabra interactúa con nuestros pensamientos, sentimientos, actitudes, convicciones y hábitos. Algunos de ellos estarán en directa oposición con la Palabra de Dios, y tendrán que ser removidos. Esto es parte del proceso de transformación, y ocurre de manera natural, a medida que el espíritu de nuestra mente se va renovando.

La cosa maravillosa del proceso de santificación es que no tenemos que rechinar los dientes para alcanzarla. Es el resultado de la gracia y el poder del Espíritu Santo obrando en nosotros.

Al meditar en las verdades de Dios, llegaremos a ser como él es. Nuestros pensamientos cambiarán, y junto con ellos también cambiarán nuestras actitudes y emociones y posteriormente nuestras acciones. Nuestra responsabilidad en este proceso es permitir que ello ocurra. Así de sencillo. Colaboremos con el Espíritu Santo mientras gentilmente nos guía por sendas de justicia, paz y gozo.

Claro, esto no es siempre un proceso cómodo. Leer la Biblia desde un punto de vista académico o intelectual es más fácil que abrir nuestra mente, voluntad y emociones al escrutinio del Espíritu Santo. Cuando la Palabra de

Dios repentinamente se vuelve personal, hablándonos directamente a una actitud o situación particular, podemos sentir al mismo tiempo paz y conflicto. Hay paz porque sabemos que Dios nos está hablando, pero experimentamos un conflicto interno sobre nuestra voluntad y emociones al ser confrontado por los cambios que necesitamos hacer.

No te alteres por estas emociones. Recuerda tu deseo de cambiar. Acuérdate que has rendido tu vida a un Dios bueno, y él desea sólo buenas cosas para ti. Con humildad medita sobre lo que Dios te está mostrando, y pídele su ayuda para hacer los cambios que necesitas hacer.

En líneas anteriores mencioné tres enemigos que luchan por entrar a nuestro corazón: la carne, el diablo y el mundo. La Palabra de Dios es el arma eficaz para derrotar a estos tres enemigos. "Y conocerán la verdad, y la verdad los hará libres" (Juan 8:32). Jesús mismo usó la Palabra para vencer la tentación en el desierto (Mateo 4:1–11).

El rey David dijo, "Examíname, oh Dios, y conoce mi corazón; pruébame y conoce los pensamientos que me inquietan. Señálame cualquier cosa en mí que te ofenda y guíame por el camino de la vida eterna" (Salmo 139:23–24). David conocía el poder que ejercen los malos pensamientos; se dio cuenta porque vio la consecuencia del pensamiento lujurioso que tuvo en la azotea y que no sometió en su mente. Ese pensamiento lo llevó a un camino de pecado, dolor y tristeza—cometió adulterio con una mujer casada, Betsabé, y luego mandó matar a su esposo (2 Samuel 11).

Sólo podemos pensar una cosa a la vez: no más, no menos. Eso significa que la mejor forma de luchar contra pensamientos negativos no es dejando de pensar, sino pensar en algo diferente: la Palabra de Dios.

Tenemos autoridad sobre cualquier pensamiento que trate de entrar a nuestro corazón por medio de la mente. Todo pensamiento es filtrado por la Palabra de Dios y el Espíritu Santo. Esto sucede dentro de nosotros en un nanosegundo.

Si decidimos que un pensamiento proviene de Dios, le damos paso a nuestra mente. Si no, tenemos que llevarlo cautivo y rechazarlo del entorno de nuestras vidas. La frase de 2 Corintios 10:3-5, "capturamos los pensamientos rebeldes", es un concepto militar que se refiere a capturar y expulsar el pensamiento por la fuerza.

Con frecuencia, algunas personas llegan a creer que no tienen control sobre algún pensamiento o emoción, pero la realidad es que eso no es verdad. Siempre la elección es personal, y contamos con el poder de Dios para hacer la elección correcta.

A medida que te conscientizas más de tus pensamientos, el proceso de llevar cautivos aquellos que son malos se hará más fácil. He oído decir que la forma en que los empleados bancarios se vuelven expertos en detectar dinero falso es a través de invertir horas y horas con dinero real. Cuando se atraviesan con un billete falso, lo detectan de inmediato porque están familiarizados con los billetes verdaderos.

Este principio se puede aplicar también a tus pensamientos. Mientras más te familiarices con las verdades de Dios y su Palabra, podrás detectar lo falso con más facilidad.

Al leer y meditar en la Palabra de Dios cada día, vida nueva entrará a tu alma. Vencerás la tentación con mayor facilidad, tus actitudes y emociones podrás controlarlas por medio del dominio propio, y estarás más consciente de la presencia de Dios en tu vida que nunca.

Reflexión 4

ABRIR

**Permite que el Espíritu Santo
haga ajustes en áreas específicas
de tu vida.**

---

*¡Mira! Yo estoy a la puerta y llamo. Si oyes mi voz y abres
la puerta, yo entraré y cenaremos juntos como amigos
(Apocalipsis 3:20).*

Es irónico que en las áreas en que más ayuda necesitamos, a veces nos cerramos de tener una plática honesta con nuestro Salvador. Él nos creó y conoce cada detalle de nuestras vidas mejor que nosotros; sin embargo, parece que creemos que podemos esconderle cosas. Es mucho mejor abrir nuestro corazón y dejar que nos escudriñe y nos dé dirección.

Una persona que tomó mi curso sobre la oración, Jaime, resumió su experiencia de la siguiente forma:

Los últimos cuarenta días han sido muy interesantes. He disfrutado y odiado lo que he pasado. La parte que disfruté fue que aprendí a relacionarme más con el Padre Celestial, y eso me hizo vivir cada día con una perspectiva maravillosa. La parte que no me agradó fue que me confrontó con cambios que necesito hacer en mi vida.

¡Yo no pudiera haberlo descrito mejor! Nuestra apertura a la dirección y corrección del Espíritu Santo es lo que hace que nuestra relación con él sea genuina.

Disfrutar la continua presencia de Dios requiere que ningún área de nuestras vidas quede excluida de la luz de su Palabra y de su maravilloso amor. No debemos compartimentar nuestras vidas, entregándole a Dios unas áreas pero otras no.

En párrafos anteriores hablamos de presentarnos a Dios en total rendición. "Rendición" se refiere a una actitud de entrega total y sumisión a Dios.

El término "abierto", como lo utilizamos en éste capítulo, es más específico. Me refiero a un diálogo honesto con Dios en relación a cada área de nuestras vidas. Una vez que pasamos tiempo con Dios cada mañana en rendición, celebración y meditación, nuestro corazón estará preparado para presentarnos confiadamente ante su presencia, para escuchar su voz con relación a cualquier área de nuestras vidas que él quiera tocar.

Cuando rendimos nuestra voluntad a su voluntad, podemos reconocer que nuestras vidas no nos pertenecen. Todo lo que tenemos y todo lo que lleguemos a ser le pertenece a él. Él tiene derecho a tocar y dirigir cada faceta de nuestra existencia.

No Escondernos Más

La idea de darle a Dios total acceso a mi vida me hacía sentirme incómodo al principio. Posiblemente te suceda lo mismo. ¿Por qué? Porque cuando nos acercamos a Dios, sentimos vergüenza de lo que somos y de lo que hemos hecho.

Antes de la caída, Adán y Eva andaban desnudos delante de Dios sin sentir vergüenza. En sentido espiritual, así es como debemos vivir bajo el Nuevo Pacto. Debemos andar espiritualmente "desnudos" y transparentes en nuestros corazones y mentes. Si no, áreas carnales de nuestras vidas continuarán manifestándose de manera negativa, así obstaculizando nuestra cercanía a Dios y nuestro avance en la vida.

Cuando Adán y Eva pecaron, dieron paso a la culpabilidad y la vergüenza de la raza humana. Se escondieron de Dios—el único que podía ayudarles. El pecado, junto con la culpabilidad y la vergüenza consecuentes, los separaron de Dios su creador (Génesis 3).

Los dos sentimientos—culpabilidad y vergüenza—continúan siendo una carga hasta el día de hoy. Con frecuencia evitan que nos abramos a Dios para recibir la gracia que tanta falta nos hace.

La culpabilidad es el sentimiento de responsabilidad que sentimos por haber hecho algo malo. La vergüenza va un paso más allá; se refiere a la angustia emocional y el sentimiento de pena por lo que hemos hecho.

Ambos sentimientos tienen el mismo origen: el pecado, real o imaginario. Dolorosamente nos damos cuenta de nuestras carencias. Cuando vemos la gloria y perfección de Dios, nuestra reacción natural es tratar de esconder nuestra sucia y vergonzosa conducta delante de él.

Debemos estar conscientes que mediante la redención por la sangre de Jesús, nuestros pecados son borrados. Ya no son más (Salmo 103:12). Cuando Dios nos ve, sólo ve la pureza y santidad de Jesús.

Eso significa que nuestra culpabilidad y vergüenza también han sido quitados. Jesús las quitó en la cruz, junto con el pecado. Ya no tenemos que seguir fingiendo y escondiendo nuestras fallas y fracasos.

El primer paso a una abierta relación con Dios es darnos cuenta que el pecado ya no puede separarnos de él. Dios ya no está enojado con nosotros. Nuestros continuos fracasos no le toman por sorpresa—nos conoce mejor que nosotros a nosotros mismos, y aún así, nos sigue amando. Él anhela que nos sintamos seguros de su perdón. Al igual que nuestros padres terrenales, también se siente orgulloso cuando tratamos de hacer lo correcto.

Romanos 5:8–11 dice:

Dios mostró el gran amor que nos tiene al enviar a Cristo a morir por nosotros cuando todavía éramos pecadores. Entonces, como se nos declaró justos a los ojos de Dios por la sangre de Cristo, con toda seguridad él nos salvará de la condenación de Dios. Pues, como nuestra amistad con Dios quedó restablecida por la muerte de su Hijo cuando todavía éramos sus enemigos, con toda seguridad seremos salvos por la vida de su Hijo. Así que ahora podemos alegrarnos por nuestra nueva y maravillosa relación con Dios gracias a que nuestro Señor Jesucristo nos hizo amigos de Dios.

Es tiempo de no esconderte más. El pecado ya no tiene poder—ni la culpa, ni la vergüenza producen ya separación de Dios. No permitas que el temor o la vergüenza te alejen de Dios. Dios es el único que puede sanar tus heridas, perdonarte y darte la gracia que necesitas para levantarte otra vez.

Abiertos a la Sanidad

Si somos honestos con nosotros mismos, sabremos que necesitamos ayuda para vivir una vida santa. ¡Buenas noticias! Dios no espera que la hagamos solos. Como ya lo dijimos, su gracia se encargó de nuestra culpa y vergüenza. Ahora también, su gracia nos ayudará a vivir vidas nuevas.

Debemos entender que todo esto es un proceso. La Biblia conoce este proceso como santificación; es un término que se refiere a ser santos o separados del pecado y las formas de vivir del mundo. Este proceso dura toda la vida y, a veces, demandará que tomemos decisiones difíciles, pero hay grandes recompensas. El pecado por un tiempo ofrece placer, pero al final, puede destruirnos, y también a aquellos a quienes amamos. Dios quiere librarnos de aquellas cosas que evitan que disfrutemos verdaderamente la vida que él nos ha dado.

La santificación requiere que seamos abiertos, honestos y transparentes delante de Dios. Esto incluye tanto las áreas externas de nuestras vidas como las acciones y decisiones que tomemos, incluyendo aquellas áreas internas que son los pensamientos y emociones. Como lo describí ya antes, ambas están interconectadas: los pensamientos se convierten en actitudes y convicciones, y las actitudes y convicciones se convierten en hechos. Es necesario que lleguemos al punto donde podamos abrirnos con facilidad y naturalidad en cada área de nuestras vidas para que Dios pueda examinarnos, especialmente en nuestros pensamientos y emociones más íntimos.

El libro de los Salmos nos deja ver cómo David podía expresar sus verdaderos sentimientos a Dios. Necesitamos practicar esta clase de honestidad con nuestro Padre Celestial. Dios no se va a enojar porque seamos honestos. Más que cualquier otro, Dios puede manejar nuestros sentimientos y emociones. La honestidad es el primer paso para sanar y ser ayudados.

Las emociones humanas son volubles y pueden desviarnos si no tenemos cuidado. No todo lo que sentimos es real. El enemigo es tramposo y trata siempre de manipular las situaciones que enfrentamos para desalentarnos, desilusionarnos, lastimarnos, amargarnos y hacernos caer en resentimiento.

Podemos vencer los intentos del enemigo de engañarnos a través de la comunicación abierta con Dios. Cuando enfrentemos pensamientos o experiencias difíciles, confusos o molestos, debemos poder acudir a nuestro Dios y hablar con él desde el fondo de nuestro corazón.

Una "conversación del corazón" no significa ser irrespetuoso o acusador. Existe una diferencia entre preguntarle a Dios y cuestionarle. La primera se hace con honestidad y humildad, reconociendo que Dios está en control; la segunda es atribuirle a Dios despropósito, dudando de su bondad.

Recuerda, Isaías nos dice que los caminos de Dios son más altos que nuestros caminos (Isaías 55:9). La vida no siempre tiene sentido desde la lógica humana; por ello, nuestros pensamientos pueden desviarnos. Los temores atacan nuestra mente y corazón. La condenación, la culpabilidad y la vergüenza se van acumulando.

En esos momentos es precisamente cuando debemos estar a solas con Dios y dejar que nuestro corazón se conecte con su corazón. Sentarnos en nuestra "silla de las preocupaciones" y alarmarnos sobre cualquier cosa resulta inútil. Pero Dios nunca está abrumado y siempre espera que corramos a sus brazos (Proverbios 8:10). Él quiere evitar que las circunstancias que nos rodean dicten nuestros pensamientos, sentimientos y acciones. Esto es lo que ganamos cuando abrimos nuestro corazón al suyo. Nuestra respuesta a cada situación debe provenir de la dirección del Espíritu Santo.

Café Tirado

Todos hemos escuchado historias acerca de conductores que por su reacción extrema ante algo acabaron saliéndose de la carretera. Tal vez, se les derramó el café en las piernas, o se les atravesó una ardilla en la carretera, o patinaron en grava suelta, y luego reaccionaron de más. El punto es, un problema menor se convirtió en algo mayor debido a una respuesta exagerada.

No caigas en una zanja sólo porque se te tiró el café. En otras palabras, no permitas que tus pensamientos y emociones te saquen de perspectiva en situaciones negativas. Créeme, sé lo que es—yo solía ser un experto en reaccionar de manera exagerada. Como dije ya, sufrí ataques de pánico y ansiedad durante más de treinta y ocho años.

Estabilidad emocional y libertad de temores son dos de los más grandes beneficios que he logrado en mi jornada de oración y adoración. Al pasar tiempo con Dios cada mañana, mis emociones y mi perspectiva de las cosas continuamente son alineadas con los pensamientos de Dios.

En una ocasión, cuando David y su ejército improvisado huían de Saúl, regresaron de una expedición y encontraron que sus esposas, hijos y posesiones habían sido secuestradas por los amalecitas (1 Samuel 30). David y sus valientes guerreros se sintieron conmocionados y quebrantados de corazón, al punto que todos hablaban de matar a David.

David también había perdido a su familia y no sabía qué hacer. Pero, en vez de permitir que sus emociones tomaran el control, cobró fuerzas en el Señor (verso 6).

David fue brutalmente honesto con Dios porque se encontraba desesperado y en necesidad de ayuda, actitud que podemos ver a través de todo el libro de los Salmos. David caminó cerca de Dios y tenía claro entendimiento de cuál era su posición y quién era Dios. Como resultado de eso, David podía descubrir una perspectiva realista y santa en cada situación negativa.

David luego preguntó a Dios cómo podría recuperar todo lo que el enemigo le había quitado. Dios le dio dirección para pelear, por lo que David y sus hombres derrotaron a sus enemigos y recuperaron todo lo que estos les habían robado. Podemos imaginar qué hubiera pasado si David hubiera reaccionado de manera emocional.

Si cultivamos un corazón abierto y honesto para con Dios, cualquier pensamiento o emoción equivocada de inmediato será fulminada en medio de las crisis. Esto nos ayudará a minimizar cualquier reacción negativa, permitiéndonos optar siempre por decisiones racionales.

Tuve un amigo que pasó por la experiencia de separación con su esposa. Sus pensamientos y sentimientos de dolor y rechazo comenzaron a desviarlo a un camino equivocado. Un día, en medio de la desesperación, me comentó que lo único que quería era ponerle fin a su existencia. Le respondí que me preocupaba no tanto su situación actual, sino la decisión que consideraba tomar en respuesta a eso.

Gracias a Dios, perseveró en su fe. Nueve meses más tarde, logró reunirse una vez más con su esposa. Imagina lo que pudiera haber sucedido si él hubiera reaccionado en base a pensamientos negativos en medio de una situación de crisis.

Nuestra naturaleza caída es muy astuta en el autoengaño. En cada situación debemos ser honestos con Dios y nosotros mismos acerca de nuestros sentimientos y pensamientos. ¿Estamos dejando que la autocompasión, el desaliento, la ira u otra sentimiento fuerte nuble nuestro buen criterio? Jeremías 17:9–10 dice:

> El corazón humano es lo más engañoso que hay,
> y extremadamente perverso.
> ¿Quién realmente sabe qué tan malo es?
> Pero yo, el Señor, investigo todos los corazones
> y examino las intenciones secretas.
> A todos les doy la debida recompensa,
> según lo merecen sus acciones.

Podemos caer en el engaño en cualquier momento. Ninguno somos inmunes: aún grandes hombres y mujeres de la Biblia fueron engañados en algún momento. El problema del engaño es que estamos ciegos ante ello. Allí es donde entran la humildad y la disposición de corazón. Damos acceso y permiso al Espíritu Santo para que traiga corrección a cualquier área de nuestras vidas que él quiera.

En Génesis capítulo 4, leemos la conversación entre Dios y Caín después de haber rechazado Dios la ofrenda de Caín. Caín estaba enojado, y posiblemente ya estaba planeando matar a su hermano. Dios podía ver que Satanás estaba acechando el corazón de Caín. Dios le advirtió a Caín que el mal estaba rondando su corazón y que era necesario que fuese honesto sobre lo que estaba sucediendo en su interior. Tenía que vencer lo malo y hacer lo correcto.

Esta es una escena clara de como el pecado puede poner un pie en nuestras vidas (Efesios 4:27). Comienza pequeño por una actitud equivocada no confrontada, pero puede crecer hasta convertirse en un gran mal.

Aunque Caín tuvo un diálogo con Dios, no abrió todas las áreas de su corazón para recibir la ayuda que Dios le ofrecía. En vez de ello, respondió de acuerdo a sus sentimientos, lo que resultó en la muerte de su hermano y en su propio destierro.

Todos pasamos por dificultades, ofensas y tentaciones. Pero no podemos compartimentar nuestros pensamientos y sentimientos. Necesitamos aprender a acudir a Dios primero, y al hacerlo debemos ir con transparencia y sinceridad. El Desafío de Cuarenta Días de Adoración nos coloca en posición de hablar con Dios primero, todos los días, sobre cualquier cosa que estemos enfrentando. Al fluir su gracia y sabiduría en nuestras vidas, podremos tomar decisiones sensatas.

¿Qué áreas de tu vida necesitas abrir delante de Dios? ¿Hay en tu interior situaciones de ira o lujuria? ¿Estás luchando con la depresión? ¿Ha tomado el temor control de tu corazón? ¿Qué áreas de tu vida quisieras ver transformadas? ¿Existen en tu corazón cosas que te dan vergüenza abrir delante de Dios? Ahora es el momento de acudir ante su trono de la gracia. No más vergüenza o condenación—sólo el poder sobrenatural de Dios para alcanzar la victoria.

DEDICAR

**Compromete tu día para que
Dios te use, y pídele ayuda.**

El Señor dirige los pasos de los justos; se deleita en cada detalle de su vida. Aunque tropiecen, nunca caerán, porque el Señor los sostiene de la mano (Salmo 37:23-24).

La mejor parte de la vida es la emoción de sentir la presencia de Dios. Una vez que hemos experimentado su presencia, no hay nada que se le compare. Sentir su amor, oír sus palabras de aliento, descansar en su paz que sobrepasa todo entendimiento—son algunos de los tesoros que encontramos cuando pasamos tiempo en su presencia. Como dice David, "Me mostrarás la senda de la vida; en tu presencia hay plenitud de gozo; delicias a tu diestra para siempre" (Salmo 16:11).

Una vez que nos damos cuenta que su presencia es todo lo que necesitamos, todo lo demás es una oportunidad para gozar de él. Aun las dificultades son oportunidades para que Dios se revele y nos atraiga más hacia él. La vida adquiere un significado nuevo. Nuestro enfoque cambia. Podemos ver la mano de Dios en cada cosa que hacemos, y nos conscientizamos de su presencia de manera constante. Las cosas temporales pierden importancia mientras que las cosas eternas adquieren una mayor dimensión.

Este enfoque global de la vida—viendo a Dios en cada faceta de nuestra existencia—es la esencia de nuestra quinta reflexión: dedicación.

Adoración Verdadera

Durante la jornada de cuarenta días hemos comentado acerca de cómo rendir nuestras vidas a Dios, celebrar su bondad y meditar en su Palabra con corazones abiertos. En seguida, quiero animarte a tomar unos momentos para dedicar cada día a su cuidado. Si estás dispuesto a hacerlo podrás ver el favor de Dios bendiciendo tu vida en una nueva dimensión.

Dedicar tu mente, voluntad, emociones y acciones a Dios, es una forma de expresión práctica y tangible de adoración a él. Es relativamente fácil decirle a Dios lo maravilloso que es. Pero has de saber que las actitudes y los hechos hablan más que las palabras. Cuando deseas agradarle en cada área de tu vida, te conviertes en un verdadero adorador. Tu dedicación comienza desde adentro, con un corazón humilde y lleno de fe. Esto rápidamente se derrama hacia tu mundo exterior por medio de tus palabras y acciones. Estas son muestras visibles de tu vida interna en el espíritu.

Tu dedicación fluye de la decisión cotidiana de entregarle el control de tu vida a Dios, confiar en él, apoyarte en él y aprender de él. Aquí hay una curva de aprendizaje: al principio es un tanto difícil, pero con la práctica se te hará más fácil. Muy pronto, administrar y manejar todo lo que Dios te da por su gracia y su favor, será el deseo de tu corazón.

En la relación con Dios, el nivel de intimidad está directamente ligado con el nivel de tu dedicación. Dios se deleita en un corazón rendido. Una actitud humilde, enseñable y de confianza, abre tu vida al fluir de bendiciones inimaginables.

Génesis 6:9 describe el estilo de vida de Noé, uno de los grandes héroes de la fe en la Biblia, de la manera siguiente: "Noé era un hombre justo, la única persona intachable que vivía en la tierra en ese tiempo, y anduvo en íntima comunión con Dios". Cada cosa que Noé hacía era una acto de adoración a Dios, y caminaba en una relación verdadera con él. Esa misma relación con Dios, la podemos tener tú y yo.

Dónde Ocurre la Transformación

Con frecuencia tratamos de ganar el favor de Dios a través de buenas obras, hechas en nuestras propias fuerzas. Pero a veces no sometemos a él nuestra voluntad completa. Esto resultará contraproducente, porque si no entregamos a él nuestra voluntad, seguiremos viviendo en la carne, no importa qué tanto nos esforcemos.

El libro de Gálatas dice, "Dejemos que el Espíritu Santo guíe nuestras vidas, así ya no obedeceremos a los deseos de nuestra naturaleza pecaminosa" (Gálatas 5:16). Lo opuesto también es cierto: Si no seguimos al Espíritu Santo, nuestras vidas recurrirá na los deseos de la carne.

Dios quiere nuestro corazón. A él, nuestras buenas obras no lo impresionan. Jesús ya pagó por nuestros pecados y Dios sabe que si nuestro corazón es sincero, las acciones seguirán después. Él desea obrar en un corazón tierno.

Dejar a Dios obrar en todo lo que hago, ha sido la clave para encontrar libertad personal. Como ya lo he mencionado, el temor era mi más grande enemigo y la depresión le seguía de cerca. He aprendido que a Dios no le intimidan mis problemas y no le asusta mi futuro. Al entregarle mi vida completa, ya no hay nada de qué preocuparme o asustarme. Es el sentimiento más liberador que te puedas imaginar.

Te Hará Falta una Caja más Grande

A menudo separamos mentalmente nuestras vidas espirituales de todo lo demás, es decir, de los objetivos más "naturales". Ponemos a Dios en una cajita: unos cuantos minutos cada mañana, tal vez, una oraciones rápidas en la mañana y el domingo ir a la iglesia.

Pero Dios no cabe en nuestra cajita. Ni siquiera es realista eso que pensamos. Dios está en todas partes al mismo tiempo. No podemos compartimentar nuestra relación con Dios, limitándole a ciertas ocasiones y lugares.

Es importante que cada faceta de nuestras vidas gire en torno a él. Cada detalle de nuestras vidas—no importa qué tan espiritual o natural—es para cumplir el propósito de Dios en la tierra. Eso incluye nuestra familia, nuestra vocación, nuestro ministerio, nuestra salud y nuestras finanzas. Colosenses 3:23 dice, "Trabajen de buena gana en todo lo que hagan, como si fuera para el Señor y no para la gente".

Como creyente, Dios vive dentro de ti y quiere ser parte íntima en cada detalle y decisión de tu vida. Dios no quiere ser Señor de tu oración pero luego ser olvidado durante el resto del día.

El Éxito Comienza Aquí

Dios desea involucrarse íntimamente porque desea que alcances el éxito en la vida. Dios quiere dirigir tus pasos y llevarte al lugar de paz y abundancia. Quiere librarte del mal y abrirte la puerta de las oportunidades. Quiere revelarse a ti. Quiere darte la sabiduría que necesitas ante cada situación. Él quiere mostrarte todo lo que tiene reservado para ti y colmarte de favores. En Proverbios 16:13, la Biblia dice lo siguiente: "Encomienda tus caminos al Señor, y serás prosperado".

Nosotros somos administradores de los recursos que Dios nos ha confiado, y somos responsables de cómo manejemos nuestras vidas. Es por eso que necesitamos la ayuda de Dios en todo lo que hagamos. Proverbios 3:5-6 dice, "Confía en el Señor con todo tu corazón, no dependas de tu propio entendimiento. Busca su voluntad en todo lo que hagas, y él te mostrará cuál camino tomar".

Éste es un pasaje muy conocido de la Escritura, y con buena razón. Frecuentemente nos lanzamos a hacer las cosas de la vida, tratamos duro de hacer que éstas nos salgan, y no nos detenemos a permitir que Dios se involucre en los detalles. Dios anhela participar en cada área de nuestras vidas.

Una persona que tomó el Desafío de los Cuarenta Días de Adoración, una jovencita de nombre Erika, escribió lo siguiente: "Dios ha dejado de ser sólo alguien a quien recurro cuando necesito algo; ahora camino con él todo el tiempo y absolutamente en todo lo que hago. Comenzar cada día con esta conexión tan vital, ha incrementado mi hambre y la cercanía con mi Salvador. Él el mi conexión de vida, es mi fuente en todo".

Es frecuente que las personas sólo se acuerden de Dios en medio de situaciones trágicas o de dificultad. En dichas ocasiones, repentinamente se dan cuenta que necesitan una relación con alguien más fuerte que ellos. Pero Dios es bondadoso y se deleita en ayudarnos; si sólo lo buscamos cuando necesitamos ser rescatados, nos perdemos de todos los momentos maravillosos que pudiéramos disfrutar con él el resto del tiempo. Nos perdemos el beneficio de su sabiduría, ideas creativas y de su dirección proactiva.

Cuando Dios nos creó, nos veía en continua amistad y compañerismo con él. Nos creó con la necesidad de compartir nuestras vidas con los demás, siendo nuestra relación con él la más importante.

No esperes a que tus planes sean un fracaso para pedir su ayuda y dirección—desarrolla tus estrategias y construye tu futuro basado en una constante comunicación con él.

Esta constante interacción con Dios fue una de las cosas que más destacaron en la vida de Elizabeth, otra estudiante de mi curso sobre cómo orar. Escribió lo siguiente al final de su experiencia: "Pasé la mayor parte del día hablando con Dios. Anteriormente, nunca me había dado cuenta de qué tan poco hablaba con él todos los días. Pero cuando comenzaba y terminaba el día con Dios, pasar el resto del tiempo con él era más fácil".

Durante los próximos cuarenta días, te animo a que consciente y deliberadamente dediques todo lo que hagas a él. Comienza por abrir un diálogo continuo con el Espíritu Santo, y espera a que él te dirija en el transcurso del día. El tiempo a solas con él por la mañana es tu plataforma para lanzarte en total inmersión en su presencia durante el resto del día.

No hay nada misterioso en dejar que el Espíritu Santo dirija nuestros pasos. No me refiero a que esperemos escuchar una voz del cielo que nos diga qué camisa usar cada mañana ni que esperemos que venga un ángel a prepararnos el desayuno. Aunque Dios a veces puede hablarnos con una voz casi audible, nos guía y nos dirige primera y principalmente por medio de su Palabra. La Biblia transforma nuestra integridad, nuestros valores, nuestra sabiduría y nuestra conciencia. El Espíritu Santo luego viene y da vida a su Palabra en nuestro diario caminar, aplicando los principios bíblicos a cada situación en nuestra derredor.

Ser guiados por el Espíritu Santo significa dejar que él examine nuestros pensamientos, palabras y decisiones y que él las alinee con su Palabra. Significa que permanezcamos alerta con ese sentido de paz que nos indica que estamos viviendo con una conciencia limpia y en una manera que complace a Dios.

No pienses que es extraño mantener un diálogo con el Creador de manera constante. Comienza a hacerle preguntas a Dios durante el día. Hazlo partícipe aún de las cosas pequeñas en tu vida. Imagina que él está allí junto a ti, porque sí lo está.

Convéncete que Dios anhela participar en cada detalle de tu vida: los buenos y los malos, los que te hacen reír y los que te causan temor, los importantes y los triviales. Nada es demasiado pequeño a sus ojos para importarle, pero es necesario que lo invitemos.

Apóyate y Aprende a Depender de Él

La dedicación comienza por confiar y aprender a apoyarte en él. La confianza es algo precioso, pero por experiencias vividas, muchas personas encuentran difícil confiar en alguien. Han aprendido de la manera difícil que las personas pueden ser volubles, egoístas y crueles, y que todos "deben cuidarse del número uno".

Pero, Dios no es como el hombre. Podemos confiar en él totalmente. Nunca nos va a defraudar. No importa cuáles hayan sido nuestras experiencias en la vida, debemos aprender a confiar en él con todo el corazón: sin reservas y sin plan B.

Isaías 26:3 dice, "Tú guardarás en completa paz a aquel cuyo pensamiento en ti persevera, porque ha confiado en ti" (RV60). La palabra hebrea para "persevera" en este pasaje significa "apoyarse en o sobre; impulsarse; y afianzarse" (Strong's). Debemos aprender a apoyarnos en Dios. En la medida que lo hacemos, el nos guardará en su perfecta paz.

En Filipenses 4:6–7, el apóstol Pablo nos anima a apoyarnos en Dios y a soltar las preocupaciones. "No se preocupen por nada; en cambio, oren por todo. Díganle a Dios lo que necesitan y denle gracias por todo lo que él ha hecho. Así experimentarán la paz de Dios, que supera todo lo que podemos entender. La paz de Dios cuidará su corazón y su mente mientras vivan en Cristo Jesús".

Dejar que Dios se involucre en cada momento de nuestras vidas todos los días no sucede de manera natural.

Durante los próximos cuarenta días, al iniciar cada mañana, haz una oración de dedicación al Señor. Invítale a ayudarte y darte dirección. Notarás cómo tu corazón se conscientiza más y se vuelve más sensible a su presencia.

La meta es alcanzar una interdependencia en el Señor. No se trata de que Dios nos ayude a hacer sólo lo que queremos; sino que descubramos los planes maravillosos de Dios para nuestras vidas y que los llevemos a cabo de la mano de él. Es que caminemos en auténtico compañerismo con nuestro Padre Celestial al tiempo que él cumple su voluntad en y a través de nosotros. Recuerda, nuestras vidas ya no nos pertenecen. Se las hemos rendido a él.

Si vemos el pasado, de seguro recordaremos decisiones que tomamos fuera de la voluntad de Dios. Haz un inventario honesto: ¿cómo te fue con esas decisiones que tomaste? ¿Cuáles fueron los resultados a la larga de caminar por tu cuenta? ¿Hay cosas que hiciste a tu manera, en oposición a la voluntad de Dios, que ahora reconoces que fueron malas decisiones?

No se trata de hacer un ejercicio de desaliento, sólo es un simple recordatorio de que necesitamos involucrar a Dios en nuestras vidas. Su gracia es tan maravillosa que él puede tornar en bendición para nuestras vidas aquellas decisiones equivocadas que tomamos. Dios nos guía, aún cuando seamos olvidadizos—y hasta antagónicos a veces—a su presencia. Pero es mucho mejor si le damos completo acceso y dominio para guiarnos a su abundancia y paz.

En Filipenses 3:13–14, Pablo habla de dejar las cosas del pasado y lanzarnos a todo lo nuevo que Dios nos tiene reservado. Es tiempo de sepultar los "hubieras", "pudieras" y "debieras" de la vida. De hoy en adelante, decídete a invitar a Dios en todo lo que hagas.

Vivir la vida con Dios guiando el camino es la mejor aventura que podemos desear. Nunca estaremos solos otra vez. Ya no tendremos la presión de tener que resolver la vida por nuestra cuenta.

Claro, habrá ocasiones de dificultad—la vida no siempre es fácil. La diferencia es que siempre estaremos conscientes de la presencia de Dios y su cuidado. No importa qué situaciones enfrentemos, sabremos que él está por nosotros y con nosotros. Dios siempre ha estado de nuestro lado, aunque tal vez no siempre estemos conscientes de ello. Cuando dediquemos a él nuestros días y busquemos su dirección, veremos las cosas de manera diferente. Nos concientizaremos de su constante presencia en nuestras actividades cotidianas. Él puede estar detrás de la escena, pero nunca dejará de operar a favor nuestro.

En vez de ver ciertas situaciones como negativas o aterradoras, ahora veremos el propósito de Dios en medio de ellas. Donde antes reaccionábamos por nuestra cuenta, a veces agravando la situación, ahora podremos responder de manera calmada y con sabiduría.

En el libro de Génesis, José tipifica la confianza en el Señor. Cuando fue joven, sus hermanos lo vendieron a esclavitud provocados por la envidia. Fue llevado a Egipto como esclavo, pero allí mostró su sabiduría y eficacia. Luego fue acusado falsamente de querer violar a la esposa de su amo y fue enviado a prisión. En la prisión nuevamente se le reconoció su sabiduría y ética de trabajo. Aún interpretó los sueños de un compañero de prisión que luego fue liberado, tal como José se lo predijo. Dicho hombre prometió ayudar a José cuando saliera, pero se olvidó de él. Con el tiempo, Dios hizo camino para que José fuese liberado y en corto tiempo, Faraón lo promovió hasta ser el segundo en autoridad en todo Egipto.

Es difícil imaginar la vida de alguien más con tantos altibajos. Sin embargo, José dedicaba a Dios todo lo que él hacía, encontrando favor en medio de circunstancias adversas. Gracias a su caminar con Dios, pudo mantener un corazón sensible, un espíritu apacible, integridad, fe y sabiduría. En vez de reaccionar de forma negativa, una y otra vez se fortaleció en Dios.

Cuando se encontró de nuevo con sus hermanos y tenía el poder para vengarse de ellos, pudo decir estas famosas palabras: "Ustedes se propusieron hacerme mal, pero Dios dispuso todo para bien. Él me puso en este cargo para que yo pudiera salvar la vida de muchas personas" (Génesis 50:20). Su respuesta demostró que había mantenido un corazón recto a través de todos los años de dificultad.

Cuando dediquemos cada instante de nuestras vidas a Dios, confiaremos en que él guiará nuestros pasos. No todas las cosas que experimentemos serán agradables en el momento, pero podemos saber esto—Dios estará con nosotros, pase lo que pase. Antes de ascender a los cielos, Jesús dijo estas palabras: "Tengan por seguro esto: que estoy con ustedes siempre, hasta el fin de los tiempos" (Mateo 28:20). Las situaciones adversas no significan que Dios nos haya abandonado; al contrario, son oportunidades en que podemos apoyarnos más en él.

El temor, la ansiedad y el estrés son indicadores de que estamos apoyándonos en nuestras propias fuerzas, en vez de confiar en Dios. Para mí, las palabras más reconfortantes se encuentran en Salmo 46:1: "Dios es nuestro refugio y nuestra fuerza, siempre está dispuesto a ayudar en tiempos de dificultad". Durante los tiempos de mayor prueba en mi vida, esta verdad se convirtió en el ancla de mi alma.

Hace miles de años, Josafat, uno de los reyes de Israel enfrentó el ataque de tres ejércitos (2 Crónicas 20). El pasaje dice que Josafat se aterrorizó, pero fue a Dios por ayuda en vez de confiar en su propia lógica o en sus planes, y Dios le dio una estrategia clara y lo libró de sus enemigos.

Dios hará lo mismo contigo también. Cuando clames a él, él siempre estará allí. Proverbios 18:10 dice, "El nombre del Señor es una fortaleza firme; los justos corren a él y quedan a salvo".

¿Cómo reaccionas cuando las probabilidades en contra son imposibles o te enfrentas a una fuerza no esperada? ¿Te apoyas en Dios o confíes en tu propia capacidad o inteligencia? Durante los próximos cuarenta días, este paso sencillo—dedicar todo a Dios en fe—revolucionará tu vida.

Reflexión 6

ESCUCHAR

**Permanece quieto y deja que
Dios te hable.**

---

*Escúchenme; escuchen y presten mucha atención (Isaías
28:23).*

"Durante el desafío me di cuenta que soy mucho más
distraída de lo que creía". Es lo que escribió Nikki, otra joven que tomó el desafío hace algunos meses. "Tengo una
mente ocupada y una vida demasiado activa. Siempre me
estoy moviendo, creando, pensando, aprendiendo o hablando, pero no me doy cuenta hasta que me siento y

trato de aquietar mi alma. Se ha convertido en una de las áreas más valiosas de mi día, pero no la más fácil".

No podría yo estar más de acuerdo con eso. Escuchar no es fácil, especialmente para algunos de nosotros. Pero ayuda en toda relación exitosa. Y cuando se trata de nuestro caminar con Dios, escuchar es muy esencial.

Un Silbo Apacible y Delicado

El profeta Elías temía por su vida y estaba enojado con Dios por haberlo abandonado. Dios acababa de usar a Elías para traer una victoria implacable contra los falsos profetas de Jezabel, la malvada reina de Israel y enemiga de Dios. Jezabel había jurado vengarse de Elías matándolo. Elías huyó al desierto y oraba pidiendo morir.

Dios no reprendió a Elías por su auto-lástima o su desaliento emocional. Él comprendió la reacción de Elías y le dio gracia: le envió un ángel a que le llevara agua y comida. Luego le ordenó que fuera a la ladera de una montaña para encontrarse con Dios. Se registra lo siguiente en 1 Reyes 19:11–13:

El Señor le dijo: —Sal y ponte de pie delante de mí, en la montaña.

Mientras Elías estaba de pie allí, el Señor pasó, y un viento fuerte e impetuoso azotó la montaña. La ráfaga fue tan tremenda que las rocas se aflojaron, pero el Señor no estaba en el viento. Después del viento hubo un terremoto, pero el Señor no estaba en el terremoto. Pasado el terremoto hubo un incendio, pero el Señor no estaba en el incendio. Y después del incendio hubo un suave susurro. Cuando Elías lo oyó, se cubrió la cara con su capa, salió y se paró a la entrada de la cueva.

Entonces una voz le dijo: —¿Qué haces aquí, Elías?

A veces quisiéramos que Dios nos hablara en medio de truenos y relámpagos, o que una voz desde el cielo nos diera instrucciones. Si eso pasara en la realidad, lo mínimo que nos sucedería sería que nos desmayaríamos.

Dios sí nos habla, pero la mayoría de las veces no estamos escuchando. Otras veces estamos confundidos, preguntándonos si Dios de verdad está hablándonos. Debemos aprender a escuchar el "silbo apacible y delicado" del Espíritu Santo a nuestro corazón.

Cuando los pensamientos entran a nuestra mente—que es la entrada a nuestro corazón—debemos preguntar al Espíritu Santo quién nos está hablando. Nuestra mente procesa miles de pensamientos diariamente, pero no todos proceden de Dios. Ya con anterioridad mencioné los tres orígenes no bíblicos de los pensamientos: la carne, el mundo y el diablo.

Nuestra "carne", en la definición bíblica de la palabra, es la vieja naturaleza, antes de recibir a Cristo, que trata de dominar nuestras vidas. Los pensamientos carnales se encuentran descritos en el libro de Gálatas—"las pasiones y los deseos de la naturaleza pecaminosa" (Gálatas 5:24). Estos pensamientos usualmente se caracterizan por el egoísmo y la falta de dominio propio.

Los pensamientos mundanos compiten también por nuestra atención. Todas las culturas tienen ciertas filosofías, creencias y valores contrarios a la Palabra de Dios.

No todo en nuestras culturas es malo, claro, pero cuando la Biblia se refiere al "mundo" en ese sentido, se está refiriendo a esos valores anti-bíblicos.

Claro está, el mundo invisible—las influencias demoníacas provenientes del diablo—están activamente luchando en contra de nuestra mente y nuestras emociones. Tales pensamientos son deliberadamente engañosos, tratando de hacer que lo bueno parezca malo y lo malo bueno.

Esencialmente, todos los pensamientos son palabras, voces. No son meditaciones contemplativas o sin sentido—y adquieren su propia fuerza. Nos hablan, influyen en nosotros, y nos dan dirección. Se meten dentro de nuestro corazón, en la fábrica de nuestro ser y, sutilmente, influyen en todo lo que hacemos.

Sé lo que es ser invadido por ciertos pensamientos y emociones. Probablemente tú también. Parecieran hechos a la medida de nuestra situación y personalidad. Es como si alguien conociera nuestras debilidades y estuviera atacándonos precisamente allí, tratando de derribarnos.

En realidad, eso es exactamente lo que sucede. La carne, el sistema del mundo y el mundo espiritual son tres voces que constantemente nos asedian, tratando de desviarnos de la presencia de Dios y del plan que él tiene para nuestras vidas.

Sin embargo, en medio de todo ese ruido, si estamos atentos, podremos oír su apacible y delicado silbo.

Habla, que Tu Siervo Escucha

Debemos aprender a analizar los pensamientos que llegan a nuestra mente y discernir cuáles son los pensamientos que vienen de Dios. Esto requiere práctica y la ayuda del Espíritu Santo. Dios quiere que aprendamos a afinar nuestro corazón, que es nuestro receptor para que escuchemos lo que él quiere decirnos. Jesús dijo, "Mis ovejas escuchan mi voz; yo las conozco, y ellas me siguen" (Juan 10:27).

La voz de Dios es la conversación que el Espíritu Santo tiene con nuestro corazón: nuestra mente, nuestra voluntad y nuestras emociones. La voz de Dios habla a nuestro corazón sobre la cosas concernientes a la vida y la santidad.

Samuel era solo un jovencito que servía en el templo cuando recibió su primera lección acerca de afinar su corazón para escuchar la voz de Dios. La Biblia dice, "Samuel todavía no conocía al Señor, porque nunca antes había recibido un mensaje de él" (1 Samuel 3:7). Una noche, mientras todos dormían, lo despertó una voz que le llamaba por su nombre. Supuso él que era su mentor Elí, el sacerdote, y corrió para ver qué es lo que quería. Esto mismo ocurrió en tres ocasiones y, finalmente, Elí se dio cuenta que era Dios hablándole a Samuel. Elí le dijo a Samuel que respondiera a Dios diciendo, "Habla, Señor, que tu siervo escucha" (1 Samuel 3:9).

Samuel entrenó su oído espiritual para escuchar la voz de Dios; es lo que nosotros tenemos que hacer también, porque no ocurre de manera automática. Al nacer, los bebés apenas reconocen el sonido de la voz de sus padres, eso es todo. Pero pronto, comienzan a comprender los tonos y las inflexiones. Con el tiempo aprenden palabras; y finalmente, aprenden a platicar con papá y mamá. De la misma manera, debemos desarrollar nuestros sentidos espirituales para poder escuchar la voz del Espíritu Santo.

No te sientas frustrado si a veces no oyes la voz de Dios, o si no estás seguro de lo que te dice. A medida que desarrollas una mayor relación con Dios, te irá siendo más fácil. El mero hecho de desear oír su voz—que digas "Habla, Señor, que tu siervo escucha"—le llena de gozo.

El desear escuchar a Dios es el primer paso en aprender a discernir su voz. Cuando Samuel se dio cuenta de quién le estaba llamando y voluntariamente prestó atención a Dios, pudo escuchar su voz y el mensaje que Dios tenía para él.

Dios quiere hablarnos—está esperando que queramos escucharle a él. A Jeremías Dios le dijo, "Clama a mí, y yo te responderé, y te enseñaré cosas grandes y ocultas que tú no conoces" (Jeremías 33:3 RV60). Santiago dice, "Acérquense a Dios, y Dios se acercará a ustedes" (Santiago 4:8). Dios quiere que nos apasionemos por su presencia, como David: "Como el ciervo anhela las corrientes de las aguas, así te anhelo a ti, oh Dios" (Salmo 42:1).

Escuchar y Saber

Hay que tener en mente que escuchar a Dios no es en sí un fin, sino un medio para un fin. Nuestra meta es conocer a Dios para tener una relación con él. Oírlo y escucharlo es el camino para conocerlo mejor. El aspecto de una relación con Dios distingue al cristianismo de cualquier otra religión.

Pablo declara en Filipenses 3:10, "Quiero conocer a Cristo". Conocer a Dios era el más grande deseo de Pablo. La palabra griega "conocer", *ginosko*, significa más que un conocimiento intelectual: significa conocer por la experiencia o una relación cercana. Pablo no se conformaba con saber acerca de Dios. Anhelaba una genuina amistad con él. Esta clase de conocimiento viene de una comunicación constante.

Esta "comunicación constante" se refiere tanto a la comunicación intencional como la no intencional. Las relaciones humanas operan también así. Algunas veces nos programamos para hablar con alguien, y otras veces tenemos conversaciones informales de manera espontánea. De igual manera, si verdaderamente estamos escuchando a Dios durante nuestro tiempo devocional, esto afectará el resto de nuestro día. Podemos estar manejando, estar platicando con alguien, estar llevando a los niños a la escuela, o estar de vacaciones y de repente, nos encontramos en una conversación interior con Dios.

Escuchar es más una postura del corazón que una acción específica. Si tenemos un corazón atento, escucharemos a Dios cuando él nos hable. Si practicamos escuchar a Dios en nuestros devocionales, nos será más fácil oír su voz cuando él quiera nuestra atención durante el día, aún cuando menos lo esperemos.

Desconectarte para Conectarte

A menudo nos ocupamos y andamos tanto de prisa en la vida, o tan preocupados con las cosas terrenales, que no podemos oír con claridad la voz del Espíritu Santo. Uno de los aspectos más importantes para escuchar a Dios es simplemente aprender a oírlo. Es aquietarnos, desechar lo que nos distrae y enfocarnos en lo que Dios quiere decirnos.

Recuerda, el mundo, la carne y el diablo tratarán siempre de "bloquear las frecuencias" manteniéndonos ocupados y comprometidos con el pecado, distraídos con el temor y la ansiedad, o cargados con culpabilidad y vergüenza. Estas cosas interfieren con nuestra capacidad para escuchar a Dios con claridad. El enemigo de nuestras almas quiere evitar que aprendamos a disfrutar nuestro caminar con Dios y que logremos una íntima relación con él.

Aún las cosas buenas como la familia, la educación, el trabajo y nuestras propias metas pueden comenzar a distraernos de nuestra relación con Dios, si no somos cuidadosos. Dios le advirtió a la iglesia de Éfeso que su amor se había enfriado (Apocalipsis 2). Con el tiempo, habían dejado su pasión por Dios. No eran malvados, ni estaban viviendo en pecado, pero se habían distanciado de Dios.

Lo primero que yo recomiendo es hacer un alto. Detener todo. Dejar de girar la rueda de molino de la vida. Tómate un tiempo para encontrar un lugar quieto que te permita estar a solas con Dios.

El Desafío de Cuarenta Días de Adoración nos permite tiempo en las mañanas para "desconectarnos" y "conectarnos". Desconectarnos de los negocios y conectarnos con la paz de Dios. Desconectarnos de la tentación y conectarnos con la gracia. Desconectarnos de la condenación y conectarnos con el perdón. Desconectarnos del temor y conectarnos con la fe.

Antes de comenzar con el diario trajín y las exigencias de la vida, pasa tiempo a solas con tu Señor y Salvador. Samuel escuchó a Dios en horas de quietud, cuando casi todos dormían. Jesús se levantaba temprano, antes de romper el alba, para sus encuentros con el Padre (Marcos 1:35). El lugar a donde Jesús iba era conocido como un lugar solitario—un lugar de quietud y sin distracciones. Aún Pedro no sabía dónde estaba Jesús y tenía que salir a buscarlo (Marcos 1:36).

Todas Estas Cosas

Mateo 6:33 dice, "Buscad primeramente el reino de Dios y su justicia, y todas estas cosas os serán añadidas" (RV60). Prepárate, porque a medida que escuchas a Dios cada día, él irá añadiendo bendición tras bendición a tu vida.

Una de las mayores bendiciones que Dios nos da es paz. Al escuchar a Dios cada día, nuestro ser interior comenzará a aquietarse. Al principio, tal vez nuestras circunstancias no cambien, pero podremos disfrutar de paz y gozo al postrarnos a sus pies, escuchando, como lo hizo María. La paz de Dios hará guardia en torno a nuestro corazón y nuestra mente (Filipenses 4:7). La paz sobrenatural es la presencia de Dios que colmará nuestro corazón. La paz es parte del reino de Dios, y no podemos prosperar sin esta. En ausencia de paz, el temor y la ansiedad ganarían terreno en nuestro corazón.

Otra bendición que viene de escuchar a Dios es una mayor conciencia de su amor por nosotros. Su amor incondicional es lo único que puede llenar el vacío que hay en nuestro corazón. Somos objetos de su amor, y al estar consciente de ello, recibiremos la fortaleza para enfrentar cualquier reto u obstáculo que enfrentemos durante el día. Nuestra autoestima e identidad no los definen los valores o las relaciones mundanas, sino el hecho de que Dios nos ama.

Escuchar a Dios también nos da entendimiento sobrenatural de las Escrituras. La Palabra de Dios cobrará vida hablando a nuestro corazón en una manera fresca. Textos de la Biblia vendrán a nuestra mente durante el día, exactamente cuando más los necesitemos. Esto puede ser para corrección, dirección, exhortación, sabiduría, consejo o lo que sea que necesitemos.

Escuchar a Dios todos los días realiza la transformación de nuestro carácter. El poder creativo del Espíritu Santo genera en nosotros el deseo de hacer la voluntad de Dios. La voz del Espíritu produce los frutos del Espíritu (Gálatas 5:22–23).

Otra bendición que recibimos cuando escuchamos es una mente renovada. Todo desorden que se haya estancado en nuestro corazón es limpiado. La estática se desvanecerá y pensamientos de Dios comenzarán a fluir en nuestra mente.

Escuchar a Dios libera los dones del Espíritu (1 Corintios 12:7–11). Cuando estamos atentos a su voz, Dios operará en nosotros y a través de nosotros de manera sobrenatural. Dios puede lograr más en un momento de intervención divina que nosotros en toda una vida de afanes y ansiedad. La vida con Dios es una aventura emocionante, y escucharle es la clave para poder caminar con él.

Finalmente, escuchar a Dios nos permite recibir su dirección en la vida cotidiana. Cuando permitimos que él nos guíe, nuestras decisiones, valores, palabras y acciones siempre darán mejores resultados.

Estos sencillo pasos—dedicar nuestro día a Dios, nuestra celebración apasionada, estar abiertos, la meditación en su Palabra y un estilo de vida dispuesto a oír su voz, obrarán para ayudarnos a vivir en la presencia de Dios.

Una última recomendación: Al escuchar a Dios durante el Desafío de los Cuarenta Días de Adoración, debes estar preparado para anotar lo que él hable a tu corazón. Esto puede incluir versículos, aplicaciones, pensamientos, impresiones, imágenes, frases, etc. Te será necesario recordar lo que Dios te haya dicho para implementarlo en la práctica durante el resto del día.

Reflexión 7

OBEDECER

**Responde en fe a la dirección
específica de Dios**

---

*Enséñame tus decretos, oh Señor; los cumpliré hasta el fin.
Dame entendimiento y obedeceré tus enseñanzas; las pon-
dré en práctica con todo mi corazón (Salmo 119:33–34).*

Una vez que puedas discernir la voz de Dios, el siguiente paso es obedecer. Dios le habló a Abraham y le
ordenó que saliese en una jornada con destino descono-
cido. Abraham obedeció en fe e hizo lo que Dios le había
ordenado. Como resultado, la Biblia lo llama el padre de

todos los que creen (Romanos 4:16). En otra ocasión, Dios le ordenó que sacrificara al hijo que Dios le había prometido, Isaac (Génesis 22). Nuevamente, Abraham demostró su fe disponiéndose a obedecer, pero Dios sólo lo estaba probando y evitó que Abraham sacrificara a Isaac. La fe de Abraham se hace notoria por obedecer la voz de Dios.

Intimidad y Fe

La fe es la respuesta a la Palabra de Dios. Al igual que Abraham, demostramos nuestra fe cuando obedecemos a Dios.

La fe es mucho más que fuerza de voluntad. La fe es el resultado directo de nuestra intimidad con Dios. Mientras más cerca caminemos de él, más grande será nuestra fe. Conocer mejor a Dios nos llevará a confiar más en él. Si nos encontramos faltando fe, la solución no es esforzarnos más, sino acercarnos más y conocer mejor a Dios.

A medida que entreguemos nuestro corazón a la dirección de su Espíritu Santo, aprenderemos a escuchar su voz con mayor claridad. Es necesario aprender a discernir el impulso de Dios y responder con fe. Vivir así es la mejor aventura jamás imaginada—una vida dirigida por Dios.

Caminando en el Espíritu

Al conocer mejor a Dios, nuestro deseo de agradarle crecerá. Anhelaremos un estilo de vida que se caracterizará por la pureza y la santidad. Pero la realidad es que todavía tenemos tendencias pecaminosas, y a veces nos encontraremos haciendo lo opuesto a lo que queremos.

Como lo mencioné en los renglones de la fe, la respuesta a una vida de pureza y santidad no es cuestión de esforzarnos más. En principio, eso sólo lleva a la auto-justificación y el orgullo, y posteriormente nos lleva a experimentar condenación y culpabilidad al darnos cuenta de que no damos la medida.

La mejor forma de procurar la santidad es enfocarnos en seguir a Dios, no en derrotar al pecado. A través de Jesús, Dios ya nos dio la libertad, tanto de la paga del pecado como del poder del mismo. Simplemente, el pecado no es el gran problema que creemos que es. La pureza y la santidad serán el resultado natural de vivir la vida con Dios. No tenemos que forzar nada si sólo seguimos la dirección de Dios cada momento de nuestro día.

La Biblia algunas veces utiliza la frase "caminar en el Espíritu" para referirse a un estilo de vida de obediencia. Lo maravilloso de esta frase es que comunica la necesidad de una relación. La obediencia no es "caminar en la ley" o "caminar en la fuerza de voluntad" o "caminar en las buenas obras", sino caminar en el Espíritu. Se trata de una continua y creciente relación personal con Dios a través del Espíritu.

Uno de mis alumnos, esposo y padre de familia de nombre Marcos, escribió lo siguiente:

Al principio me costaba mucho trabajo levantarme temprano. Mi alarma timbraba y yo apretaba el botón para seguir durmiendo, hasta que mi esposa se cansaba y me obligaba a salir de la cama. Después de un tiempo, verdaderamente me enfoqué en pasar mi tiempo a solas con Dios por las mañanas...El tiempo que paso en las mañanas me ha ayudado también a acercarme más a mi esposa y mis hijos. Me he vuelto más paciente con mis hijos y siento que la quiero más a mi esposa. Anhelo poder compartir con ella la revelación que recibo durante mi tiempo de quietud, y al hacerlo nos acercamos más el uno al otro.

Al rendirnos a él, Dios nos da dirección para desarrollar un mejor conocimiento de su voluntad para nuestras vidas. Esa es la realidad del caminar en el Espíritu que se menciona en Gálatas 5:25. La palabra "caminar" en este versículo se utiliza en el sentido militar de caminar con cadencia—específicamente, en mantener el paso. Esto se logra a través de la relación íntima con el Espíritu de Dios.

La vida se vive en secuencia de momentos. En un día hay 86,400 segundos. Cada uno de esos instantes está hecho para pasarlo en compañerismo con nuestro Creador. En esa relación, él está dispuesto a ayudarnos en cada momento en nuestras tareas cotidianas. Se requiere que seamos sensibles a la dirección del Espíritu Santo en cada uno de esos momentos de nuestro caminar. Mientras más tiempo pasemos con él en el día a día, comenzaremos a escuchar con mayor claridad el susurro de ese silbo apacible y delicado del Espíritu, y conoceremos mejor los tiempos de su voluntad.

Ver y Oír

Es importante que mantengamos abiertos los ojos y oídos de nuestro corazón a Dios, esperando poder oírle y verle con disposición para obedecerle.

Podemos preparar nuestro corazón para recibir de Dios y conocer mejor su Palabra, apartando tiempo para escuchar al Espíritu Santo y anhelando oír su voz. El Salmo 37:4 dice, "Deléitate en el Señor, y él te concederá los deseos de tu corazón". Al pasar tiempo con Dios, él pondrá sus deseos dentro de nosotros y su corazón transformará nuestro corazón. Ese es el fundamento para escuchar su voz y convertirnos en un buen oidor.

Escuchar a Dios requiere de una dosis de humildad. Él no siempre nos va a decir lo que queremos oír. Es increíble que los fariseos no vieran a Jesús por lo que él era, a pesar de que eran los líderes espirituales de Israel y tenían un amplio conocimiento de la ley. Estaban cegados por su propio orgullo. Esto los hacía creer que estaban haciendo lo correcto, cuando en realidad, estaban en directa oposición con el plan de Dios.

Si estamos atentos al mover del Espíritu Santo, descubriremos maravillosas oportunidades en la vida que de otra manera no podremos ver. En Hechos 8:26–40, vemos como Felipe recibió orden de un ángel para que se acercara a un eunuco etíope que iba en su carruaje. Felipe tenía la capacidad de oír y ver, pero dependía de él mismo si obedecía o no. Felipe hizo lo que se le ordenó. Fue a donde se encontraba el eunuco y le preguntó que si entendía lo que estaba leyendo. El eunuco contestó que estaba leyendo el libro de Isaías, pero que no lo entendía y necesitaba que se lo explicaran. Repentinamente y de la nada, apareció la oportunidad de compartir el evangelio. Felipe le explicó al eunuco etíope lo que estaba leyendo y éste fue gloriosamente salvado y bautizado. Este es un claro ejemplo de estar atento a la voz de Dios y obedecerle.

Tiempo

En el proceso de escuchar y obedecer, es importante comprender la importancia del tiempo. Dios puede ver a la distancia nuestro futuro. Algunas de las cosas que él nos comparte son para el presente, y otras, son para un tiempo posterior.

María, la madre de Jesús, comprendió esta dinámica. Cuando el ángel Gabriel le anunció que iba a tener un bebé y quién sería él, se maravilló—con mucha razón— pero respondió con humildad y fe, entendiendo que el completo cumplimiento de la promesa no sucedería de inmediato. "Soy la sierva del Señor. Que se cumpla todo lo que has dicho acerca de mí" (Lucas 1:38).

Lucas 2:19 dice que después de la visita de los pastores y los reyes, "María guardaba todas estas cosas en el corazón y pensaba en ellas con frecuencia". Unos versículos más adelante, cuando se ve a Jesús de doce años enseñando en el templo, leemos, "Y su madre guardó todas estas cosas en el corazón" (verso 51). De nuevo, María se dio cuenta que Dios le estaba revelando cosas importantes, pero que no requerían una acción inmediata.

Esto es un ejemplo de por qué es importante anotar lo que Dios nos dice. Algunas de las cosas que nos dice Dios son para hacerlas de inmediato, otras son para guardarlas en nuestro corazón y hacer algo al respecto posteriormente. El Espíritu Santo nos ayudará para saber diferenciar.

Yo creo que a Dios le agrada compartir sus planes con nosotros. Como padres, a nuestros hijos les mencionamos acerca de nuestros planes vacacionales porque nos gusta verlos disfrutar y emocionarse. Creo que a Dios también le agrada cuando nos emocionamos acerca del futuro que nos ha prometido.

Con frecuencia, Dios puede compartirnos cosas que él planea hacer, en vez de cosas que él espera que hagamos. Hay una gran diferencia en ello. Como María, necesitamos tener una actitud de fe y humildad cuando Dios nos hable. En el momento oportuno, Dios abrirá las puertas. Si somos movidos a hacer algo, por supuesto que obedeceremos. Pero, algunas veces, la mejor forma de obedecer es simplemente esperar y confiar.

Valor

El primer milagro en el Nuevo Testamento ocurrió en una boda a la que Jesús asistió (Juan 2). Al anfitrión de la boda se le había terminado el vino, lo que en la cultura era algo muy penoso. Los sirvientes fueron con la madre de Jesús y le preguntaron qué debían hacer. Ella les dijo que hicieran lo que Jesús les ordenara. Jesús les ordenó que llenaran cántaros de agua y se los llevaran a él. Algo inusual, pero de todas maneras obedecieron, y Jesús convirtió el agua en vino.

He oído que a menudo Dios nos ordena hacer lo ridículo antes de él realizar el milagro. Eso no significa que

hagamos cosas bizarras siempre a fin de esperar un milagro—significa que debemos ser obedientes, sin importar
lo que él nos pida que hagamos.

Esto demanda valor y fe. El apóstol Pablo pedía a las
iglesias que oraran para que él pudiera tener la audacia
de compartir el misterio de Cristo a otros (Efesios 6:19).
Cuando escuchemos la voz de Dios y entendamos que es
tiempo de actuar, debemos obedecer con audacia y decisión. Entonces lo ordinario se convertirá en extraordinario
mediante el poder milagroso de Dios.

David experimentó dicho poder en su lucha contra
Goliat (1 Samuel 1:17). David respondió al mover de Dios
con fe y valor; Dios se encargó del resto. Pedro también
vio resultados milagrosos en el Mar de Galilea, cuando salió de la barca al mandato de Jesús y caminó en el agua
(Mateo 14:22–32).

Es interesante que en el relato de Pedro caminando
sobre el agua, fue él quien tomó la iniciativa de pedir el
milagro; sin embargo, no hizo algo que en el plano natural sería completamente loco sin haber recibido la clara
Palabra de Dios. Usualmente nos metemos en problemas
cuando nos vamos a uno de dos extremos: o nos rehusa-
mos a dar un paso fuera de nuestra zona de confort, aún
cuando Dios nos hable, o tomamos decisiones atrevidas
en nombre de la fe, sin que Dios nos lo haya ordenado.

El diablo no quiere que obedezcamos a Dios porque
sabe, a veces mejor que nosotros, que al otro lado de la
obediencia están las bendiciones. Su táctica principal para
evitar que obedezcamos no es la tentación a pecar, sino la
tentación por la mediocridad. Utiliza remordimientos del
pasado y temores sobre el futuro para paralizarnos en el
presente, de tal forma que optamos jugarla a la segura para

seguirla pasando más o menos. Esa fue la actitud de Saúl y todo su ejército cuando los amenazó Goliat. El temor los paralizó.

Satanás es un bravucón que no tiene poder, excepto para intimidar. Desafortunadamente, le prestamos más atención a sus gritos de amenazas vacías que al silbo apacible del Espíritu Santo. No escuches la voz del diablo—¡Escucha sólo a Dios! Luego, obedece con fe y valor. El mismo Dios que le dio a David poder para vencer al gigante está con nosotros y en nosotros.

Dios nos guía y nosotros le seguimos. Dios inicia y nosotros respondemos. Jesús dijo, "Si me aman, obedezcan mis mandamientos" (Juan 14:15). También dice que debemos negarnos a nosotros mismos, tomar nuestra cruz y seguirle (Mateo 16:24). No sabemos todo sobre la vida, y nunca será este el caso. Dios sí sabe todo, y él es fiel para ayudarnos en cada paso que damos. Un día miraremos hacia atrás y veremos su mano en cada encrucijada y suceso importante de nuestras vidas.

Estás a punto de entrar a una nueva etapa de tu caminar con Dios. En los próximos cuarenta días conocerás a Dios mejor, escucharás su voz con mayor claridad, y aprenderás a seguir su dirección en tu vida. El resto de tu vida es una aventura esperándote a que suceda. ¿Qué tendrá Dios reservado para ti? No lo sé—pero sé que te gustará. Ahora es cuando puedes empezar a descubrir lo que Dios tiene para ti.

Este es el principio de una nueva etapa en tu jornada con Dios, ¡Estoy emocionado por ti! Creo que tu vida, al igual que la de muchos otros que decidieron tomar el Desafío de Cuarenta Días de Adoración, nunca será la misma.

CONCLUSIÓN

Una joven de nombre Kyla escribió lo siguiente como parte de su experiencia:

Creo que el cambio más grande que he notado en mi interior es el insaciable deseo de más de la presencia de Dios en mi ser. Con frecuencia siento el deseo de apartarme sólo para estar con él. Nunca antes había sentido el fuerte anhelo de la presencia de Dios. Realmente me siento bien y no quiero que esto cambie jamás. No quiero más alejarme de donde estoy ahora con Dios.

Si pudiera dejarte con sólo un pensamiento, sería este: Dios quiere pasar tiempo contigo. He escuchado esa misma expresión vez tras vez de parte de personas que han tomado el Desafío de Cuarenta Días de Adoración. Cambiaron la forma de cómo se relacionaban con Dios, cómo oraban y cómo vivían cada día.

Una persona escribió y me comentó lo siguiente:

Aprendí cuánto necesito a Jesús. No puedo hacer nada sin él. No soy nada sin él. El hecho de que él esté interesado por mí y que quiera pasar tiempo conmigo, ¡realmente me asombra! Aunque hay miles de millones de personas en el mundo, ¡Él está interesado en mí!

Otra persona dijo lo siguiente:

El Desafío de Cuarenta Días de Adoración ha cambiado verdaderamente mi vida devocional. Cada mañana siento la necesitad de pasar más tiempo en la presencia de Dios; es una nueva emoción buscar a Dios cada mañana. Es todo un reto, pero vale la pena. ¡Vale la pena! Mi Creador me espera cada mañana para que yo hable con él. Él me ama y cada día quiere revelarme algo nuevo acerca de sí mismo.

Mi meta a través de todo este libro ha sido la de despertar en tu corazón una hambre de pasar tiempo con Dios. Si tu deseo por él es mayor, te animo a que comiences mañana mismo.

En la siguiente parte del libro, encontrarás cuarenta páginas con versículos del libro de Salmos y espacio para tomar notas. Como ya mencioné, puedes utilizar los versículos como punto de partida por las mañanas, o puedes utilizar otro devocional o un plan de lectura de la Biblia si lo prefieres. La idea es comenzar de inmediato.

Básicamente, estas reflexiones te ayudarán a estar más consciente de la presencia de Dios en tu vida. Diariamente, toma un ratito para enfocarte en estas sencillas verdades.

Rendir. Ponte en las manos de Dios y rinde tu voluntad a su voluntad.

Celebrar. Escucha alabanzas y acepta a Dios por lo que él es y lo que él ha hecho.

Meditar. Medita sobre las Escrituras y deja que el Espíritu Santo las aplique a tu vida.

Abrir. Deja que el Espíritu haga cambios en áreas específicas de tu vida.

Dedicar. Comprómete tu día a Dios y pídele que te ayude y te dirija.

Escuchar. Está quieto y deja que Dios te hable.

Obedecer. Responde en fe a la dirección específica de Dios.

SECCIÓN 3

El Diario

COMENCEMOS

Durante los próximos cuarenta días, te animo a apartar cuando menos quince minutos cada mañana para pasar tiempo con Dios en una atmósfera de adoración. Se requiere de un lugar quieto, una Biblia, un diario, una pluma y un medio donde puedas escuchar música, como un mp3 o algo así.

Para ayudarte a comenzar, las siguientes páginas contienen pasajes sugeridos del libro de los Salmos: uno para cada día del Desafío de Cuarenta Días de Adoración.

Contienen también espacio para anotar lo que Dios te hable. Si te sientes guiado a leer otros pasajes, o si prefieres utilizar un diario que ya tengas, también está bien.

Recuerda, el propósito de éste desafío no es que te presiones por seguir un formato, fórmula o programa. Sencillamente se trata de que pases tiempo con Dios. Posteriormente, verás hacia donde te lleva.

En conclusión, aquí hay algunos puntos (iniciando con las letras ABCD) que debes recordar:

A Apartar un tiempo cada mañana.
"A la mañana siguiente, antes del amanecer, Jesús se levantó y fue a un lugar aislado para orar" (Marcos 1:35).

B Basar tu vida en su voluntad.
"Por lo tanto, amados hermanos, les ruego que entreguen su cuerpo a Dios por todo lo que él ha hecho a favor de ustedes. Que sea un sacrificio vivo y santo, la clase de sacrificio que a él le agrada. Esa es la verdadera forma de adorarlo" (Romanos 12:1).

C Confiar completamente en el Señor.
"Confía en el Señor con todo tu corazón, no dependas de tu propio entendimiento. Busca su voluntad en todo lo que hagas, y él te mostrará cuál camino tomar" (Proverbios 3:5-6).

D Disfrutar su presencia con música de adoración y la Palabra.

"Con razón mi corazón está contento y yo me alegro; mi cuerpo descansa seguro, porque tú no dejarás mi alma entre los muertos ni permitirás que tu santo se pudra en la tumba. Me mostrarás el camino de la vida, me concederás la alegría de tu presencia y el placer de vivir contigo para siempre" (Salmo 16:9–11).

¡Que tengas una gran jornada! Si quieres, envíame un correo a 40dayworshipchallenge@gmail.com y cuéntame la historia sobre lo que Dios está haciendo en tu vida como resultado de pasar tiempo con él. Me dará mucho gusto saber de ti.

Que Dios te bendiga,

Mark

DÍA 1

Salmo 1:1–3

Qué alegría para los que no siguen el consejo de malos, ni andan con pecadores, ni se juntan con burlones; sino que se deleitan en la ley del Señor meditando en ella día y noche. Son como árboles plantados a la orilla de un río, que siempre dan fruto en su tiempo. Sus hojas nunca se marchitan, y prosperan en todo lo que hacen.

_____

_____

_____

_____

_____

_____

_____

_____

El Diario

DÍA 2

Salmo 3:2–8

Son tantos los que dicen: «¡Dios no lo rescatará!». Pero tú, oh Señor, eres un escudo que me rodea; eres mi gloria, el que sostiene mi cabeza en alto. Clamé al Señor, y él me respondió desde su monte santo. Me acosté y dormí, pero me desperté a salvo, porque el Señor me cuidaba. No tengo miedo a los diez mil enemigos que me rodean por todas partes. ¡Levántate, oh Señor! ¡Rescátame, Dios mío! ¡Abofetea a todos mis enemigos! ¡Destroza los dientes de los malvados! La victoria proviene de ti, oh Señor; bendice a tu pueblo.

El Diario

DÍA 3

Salmo 5:1–3

Oh Señor, óyeme cuando oro; presta atención a mi ge-
mido. Escucha mi grito de auxilio, mi Rey y mi Dios,
porque sólo a ti dirijo mi oración. Señor, escucha mi voz
por la mañana; cada mañana llevo a ti mis peticiones y
quedo a la espera.

_____

_____

_____

_____

_____

_____

_____

El Diario

DÍA 4

Salmo 18:1–6

Te amo, Señor; tú eres mi fuerza. El Señor es mi roca, mi fortaleza y mi salvador; mi Dios es mi roca, en quien encuentro protección. Él es mi escudo, el poder que me salva y mi lugar seguro. Clamé al Señor, quien es digno de alabanza, y me salvó de mis enemigos. Me enredaron las cuerdas de la muerte; me arrasó una inundación devastadora. La tumba me envolvió con sus cuerdas; la muerte me tendió una trampa en el camino. Pero en mi angustia, clamé al Señor; sí, oré a mi Dios para pedirle ayuda. Él me oyó desde su santuario; mi clamor llegó a sus oídos.

El Diario

DÍA 5

Salmo 18:30–36

El camino de Dios es perfecto. Todas las promesas del Señor demuestran ser verdaderas. Él es escudo para todos los que buscan su protección. Pues ¿quién es Dios aparte del Señor? ¿Quién más que nuestro Dios es una roca sólida? Dios me arma de fuerza y hace perfecto mi camino. Me hace andar tan seguro como un ciervo, para que pueda pararme en las alturas de las montañas. Entrena mis manos para la batalla; fortalece mi brazo para tensar un arco de bronce. Me has dado tu escudo de victoria. Tu mano derecha me sostiene; tu ayuda me ha engrandecido. Has trazado un camino ancho para mis pies a fin de evitar que resbalen.

El Diario

DÍA 6

Salmo 19:1–4

Los cielos proclaman la gloria de Dios y el firmamento despliega la destreza de sus manos. Día tras día no cesan de hablar; noche tras noche lo dan a conocer. Hablan sin sonidos ni palabras; su voz jamás se oye. Sin embargo, su mensaje se ha difundido por toda la tierra y sus palabras, por todo el mundo.

El Diario

DÍA 7

Salmo 23

El Señor es mi pastor; tengo todo lo que necesito. En verdes prados me deja descansar; me conduce junto a arroyos tranquilos. Él renueva mis fuerzas. Me guía por sendas correctas, y así da honra a su nombre. Aun cuando yo pase por el valle más oscuro, no temeré, porque tú estás a mi lado. Tu vara y tu cayado me protegen y me confortan. Me preparas un banquete en presencia de mis enemigos. Me honras ungiendo mi cabeza con aceite. Mi copa se desborda de bendiciones. Ciertamente tu bondad y tu amor inagotable me seguirán todos los días de mi vida, y en la casa del Señor viviré por siempre.

El Diario

DÍA 8

Salmo 24:1–5

La tierra es del Señor y todo lo que hay en ella; el mundo y todos sus habitantes le pertenecen. Pues él echó los cimientos de la tierra sobre los mares y los estableció sobre las profundidades de los océanos. ¿Quién puede subir al monte del Señor? ¿Quién puede estar en su lugar santo? Sólo los de manos limpias y corazón puro, que no rinden culto a ídolos y nunca dicen mentiras. Ellos recibirán la bendición del Señor y tendrán una relación correcta con Dios su salvador.

El Diario

DÍA 9

Salmo 25:4-6

Muéstrame la senda correcta, oh Señor; señálame el camino que debo seguir. Guíame con tu verdad y enséñame, porque tú eres el Dios que me salva. Todo el día pongo en ti mi esperanza. Recuerda, oh Señor, tu compasión y tu amor inagotable, que has mostrado desde hace siglos.

El Diario

DÍA 10

Salmo 27:7–8

Escúchame cuando oro, oh Señor; ¡ten misericordia y respóndeme! Mi corazón te ha oído decir: «Ven y conversa conmigo». Y mi corazón responde: «Aquí vengo, Señor».

El Diario

DÍA 11

Salmo 28:6–8

¡Alaben al Señor! Pues él oyó que clamaba por misericordia. El Señor es mi fortaleza y mi escudo; confío en él con todo mi corazón. Me da su ayuda y mi corazón se llena de alegría; prorrumpo en canciones de acción de gracias. El Señor le da fuerza a su pueblo; es una fortaleza segura para su rey ungido.

El Diario

DÍA 12

Salmo 30:1–5

Te exaltaré, Señor, porque me rescataste; no permitiste que mis enemigos triunfaran sobre mí. Oh Señor, mi Dios, clamé a ti por ayuda, y me devolviste la salud. Me levantaste de la tumba, oh Señor; me libraste de caer en la fosa de la muerte. ¡Canten al Señor, ustedes los justos! Alaben su santo nombre. Pues su ira dura sólo un instante, ¡pero su favor perdura toda una vida! El llanto podrá durar toda la noche, pero con la mañana llega la alegría.

El Diario

DÍA 13

Salmo 32:7-11

Pues tú eres mi escondite; me proteges de las dificultades y me rodeas con canciones de victoria. El Señor dice: «Te guiaré por el mejor sendero para tu vida; te aconsejaré y velaré por ti. No seas como el mulo o el caballo, que no tienen entendimiento, que necesitan un freno y una brida para mantenerse controlados». Muchos son los dolores de los malvados, pero el amor inagotable rodea a los que confían en el Señor. ¡Así que alégrense mucho en el Señor y estén contentos, ustedes los que le obedecen! ¡Griten de alegría, ustedes de corazón puro!

El Diario

137

DÍA 14

Salmo 33:15-22

Él hizo el corazón de ellos, así que entiende todo lo que hacen. El ejército mejor equipado no puede salvar a un rey, ni una gran fuerza es suficiente para salvar a un guerrero. No confíes en tu caballo de guerra para obtener la victoria, por mucha fuerza que tenga, no te puede salvar. Pero el Señor vela por los que le temen, por aquellos que confían en su amor inagotable. Los rescata de la muerte y los mantiene con vida en tiempos de hambre. Nosotros ponemos nuestra esperanza en el Señor; él es nuestra ayuda y nuestro escudo. En él se alegra nuestro corazón, porque confiamos en su santo nombre. Que tu amor inagotable nos rodee, Señor, porque sólo en ti está nuestra esperanza.

El Diario

DÍA 15

Salmo 34:8–10, 19

Prueben y vean que el Señor es bueno; ¡qué alegría para los que se refugian en él! Teman al Señor, ustedes los de su pueblo santo, pues los que le temen tendrán todo lo que necesitan. Hasta los leones jóvenes y fuertes a veces pasan hambre, pero a los que confían en el Señor no les faltará ningún bien...La persona íntegra enfrenta muchas dificultades, pero el Señor llega al rescate en cada ocasión.

El Diario

DÍA 16

Salmo 36:6–9

Tu rectitud es como las poderosas montañas, tu justicia, como la profundidad de los océanos. Tú cuidas de la gente y de los animales por igual, oh Señor. ¡Qué precioso es tu amor inagotable, oh Dios! Todos los seres humanos encuentran refugio a la sombra de tus alas. Los alimentas con la abundancia de tu propia casa y les permites beber del río de tus delicias. Pues tú eres la fuente de vida, la luz con la que vemos.

El Diario

DÍA 17

Salmo 37:23-26

El Señor dirige los pasos de los justos; se deleita en cada detalle de su vida. Aunque tropiecen, nunca caerán, porque el Señor los sostiene de la mano. Una vez fui joven, ahora soy anciano, sin embargo, nunca he visto abandonado al justo ni a sus hijos mendigando pan. Los justos siempre prestan con generosidad y sus hijos son una bendición.

El Diario

DÍA 18

Salmo 41:1–3

¡Qué alegría hay para los que tratan bien a los pobres! El Señor los rescata cuando están en apuros. El Señor los protege y los mantiene con vida; los prospera en la tierra y los rescata de sus enemigos. El Señor los atiende cuando están enfermos y les devuelve la salud.

El Diario

DÍA 19

Salmo 57:1–3

¡Ten misericordia de mí, oh Dios, ten misericordia! En ti busco la protección. Me esconderé bajo la sombra de tus alas hasta que haya pasado el peligro. Clamo al Dios Altísimo, a Dios, quien cumplirá su propósito para mí. Él mandará ayuda del cielo para rescatarme, y avergonzará a los que me persiguen. Mi Dios enviará su amor inagotable y su fidelidad.

El Diario

DÍA 20

Salmo 57:7–11

Mi corazón está confiado en ti, oh Dios; mi corazón tiene confianza. ¡Con razón puedo cantar tus alabanzas! ¡Despiértate, corazón mío! ¡Despiértense, lira y arpa! Con mi canto despertaré al amanecer. Te daré gracias, Señor, en medio de toda la gente; cantaré tus alabanzas entre las naciones. Pues tu amor inagotable es tan alto como los cielos; tu fidelidad llega hasta las nubes. Exaltado seas, oh Dios, por encima de los cielos más altos; que tu gloria brille sobre toda la tierra.

El Diario

DÍA 21

Salmo 59:16–17

En cuanto a mí, yo cantaré de tu poder; cada mañana cantaré con alegría acerca de tu amor inagotable. Pues tú has sido mi refugio, un lugar seguro cuando estoy angustiado. Oh Fortaleza mía, a ti canto alabanzas, porque tú, oh Dios, eres mi refugio, el Dios que me demuestra amor inagotable.

El Diario

DÍA 22

Salmo 61:1–4

Oh Dios, ¡escucha mi clamor! ¡Oye mi oración! Desde los extremos de la tierra, clamo a ti por ayuda cuando mi corazón está abrumado. Guíame a la imponente roca de seguridad, porque tú eres mi amparo seguro, una fortaleza donde mis enemigos no pueden alcanzarme. Permíteme vivir para siempre en tu santuario, ¡a salvo bajo el refugio de tus alas!

El Diario

DÍA 23

Salmo 62:1–2; 5–8

Espero en silencio delante de Dios, porque de él proviene mi victoria. Sólo él es mi roca y mi salvación, mi fortaleza donde jamás seré sacudido...Que todo mi ser espere en silencio delante de Dios, porque en él está mi esperanza. Sólo él es mi roca y mi salvación, mi fortaleza donde no seré sacudido. Mi victoria y mi honor provienen solamente de Dios; él es mi refugio, una roca donde ningún enemigo puede alcanzarme. Oh pueblo mío, confía en Dios en todo momento; dile lo que hay en tu corazón, porque él es nuestro refugio.

El Diario

DÍA 24

Salmo 63:1-8

Oh Dios, tú eres mi Dios; de todo corazón te busco. Mi alma tiene sed de ti; todo mi cuerpo te anhela en esta tierra reseca y agotada donde no hay agua. Te he visto en tu santuario y he contemplado tu poder y tu gloria. Tu amor inagotable es mejor que la vida misma, ¡cuánto te alabo! Te alabaré mientras viva, a ti levantaré mis manos en oración. Tú me satisfaces más que un suculento banquete; te alabaré con cánticos de alegría. Recostado, me quedo despierto pensando y meditando en ti durante la noche. Como eres mi ayudador, canto de alegría a la sombra de tus alas. Me aferro a ti; tu fuerte mano derecha me mantiene seguro.

_____

_____

_____

_____

_____

_____

El Diario

DÍA 25

Salmo 66:1–4

¡Griten alabanzas alegres a Dios todos los habitantes de la tierra! ¡Canten de la gloria de su nombre! Cuéntenle al mundo lo glorioso que es él. Díganle a Dios: «¡Qué imponentes son tus obras! Tus enemigos se arrastran ante tu gran poder. Todo lo que hay en la tierra te adorará; cantará tus alabanzas aclamando tu nombre con cánticos gloriosos».

El Diario

DÍA 26

Salmo 86:1–7

Inclínate, oh Señor, y escucha mi oración; contéstame, porque necesito tu ayuda. Protégeme, pues estoy dedicado a ti. Sálvame, porque te sirvo y confío en ti; tú eres mi Dios. Ten misericordia de mí, oh Señor, porque a ti clamo constantemente. Dame felicidad, oh Señor, pues a ti me entrego. ¡Oh Señor, eres tan bueno, estás tan dispuesto a perdonar, tan lleno de amor inagotable para los que piden tu ayuda! Escucha atentamente mi oración, oh Señor; oye mi urgente clamor. A ti clamaré cada vez que esté en apuros, y tú me responderás.

El Diario

DÍA 27

Salmo 91:1-4

Los que viven al amparo del Altísimo encontrarán descanso a la sombra del Todopoderoso. Declaro lo siguiente acerca del Señor: Sólo él es mi refugio, mi lugar seguro; él es mi Dios y en él confío. Te rescatará de toda trampa y te protegerá de enfermedades mortales. Con sus plumas te cubrirá y con sus alas te dará refugio. Sus fieles promesas son tu armadura y tu protección.

El Diario

DÍA 28

Salmo 91:5-10

No tengas miedo de los terrores de la noche ni de la flecha que se lanza en el día. No temas a la enfermedad que acecha en la oscuridad, ni a la catástrofe que estalla al mediodía. Aunque caigan mil a tu lado, aunque mueran diez mil a tu alrededor, esos males no te tocarán. Simplemente abre tus ojos y mira cómo los perversos reciben su merecido. Si haces al Señor tu refugio y al Altísimo tu resguardo, ningún mal te conquistará; ninguna plaga se acercará a tu hogar.

El Diario

DÍA 29

Salmo 91:11-16

Pues él ordenará a sus ángeles que te protejan por donde vayas. Te sostendrán con sus manos para que ni siquiera te lastimes el pie con una piedra. Pisotearás leones y cobras; ¡aplastarás feroces leones y serpientes bajo tus pies! El Señor dice: «Rescataré a los que me aman; protegeré a los que confían en mi nombre. Cuando me llamen, yo les responderé; estaré con ellos en medio de las dificultades. Los rescataré y los honraré. Los recompensaré con una larga vida y les daré mi salvación».

El Diario

DÍA 30

Salmo 92:12-15

Pero los justos florecerán como palmeras y se harán fuertes como los cedros del Líbano; trasplantados a la casa del Señor, florecen en los atrios de nuestro Dios. Incluso en la vejez aún producirán fruto, seguirán verdes y llenos de vitalidad. Declararán: «¡El Señor es justo! ¡Es mi roca! ¡No existe maldad en él!».

El Diario

DÍA 31

Salmo 94:17–19

Si el Señor no me hubiera ayudado, pronto me habría quedado en el silencio de la tumba. Clamé: «¡Me resbalo!», pero tu amor inagotable, oh Señor, me sostuvo. Cuando mi mente se llenó de dudas, tu consuelo renovó mi esperanza y mi alegría.

El Diario

DÍA 32

Salmo 100

¡Aclamen con alegría al Señor, habitantes de toda la tierra! Adoren al Señor con gozo. Vengan ante él cantando con alegría. ¡Reconozcan que el Señor es Dios! Él nos hizo, y le pertenecemos; somos su pueblo, ovejas de su prado. Entren por sus puertas con acción de gracias; vayan a sus atrios con alabanza. Denle gracias y alaben su nombre. Pues el Señor es bueno. Su amor inagotable permanece para siempre, y su fidelidad continúa de generación en generación.

El Diario

DÍA 33

Salmo 108:1–5

Mi corazón está confiado en ti, oh Dios; ¡con razón puedo cantar tus alabanzas con toda el alma! ¡Despiértense, lira y arpa! Con mi canto despertaré al amanecer. Te daré gracias, Señor, en medio de toda la gente; cantaré tus alabanzas entre las naciones. Pues tu amor inagotable es más alto que los cielos; tu fidelidad alcanza las nubes. Exaltado seas, oh Dios, por encima de los cielos más altos. Que tu gloria brille sobre toda la tierra.

El Diario

DÍA 34

Salmo 111:1–5

¡Alabado sea el Señor! Daré gracias al Señor con todo mi corazón al reunirme con su pueblo justo. ¡Qué asombrosas son las obras del Señor! Todos los que se deleitan en él deberían considerarlas. Todo lo que él hace revela su gloria y majestad; su justicia nunca falla. Él nos hace recordar sus maravillosas obras. ¡Cuánta gracia y misericordia tiene nuestro Señor! Da alimento a los que le temen; siempre recuerda su pacto.

El Diario

DÍA 35

Salmo 116:1-7

Amo al Señor porque escucha mi voz y mi oración que pide misericordia. Debido a que él se inclina para escuchar, ¡oraré mientras tenga aliento! La muerte me envolvió en sus cuerdas; los terrores de la tumba se apoderaron de mí. Lo único que veía era dificultad y dolor. Entonces invoqué el nombre del Señor: «¡Señor, por favor, sálvame!». ¡Qué bondadoso es el Señor! ¡Qué bueno es él! ¡Tan misericordioso, este Dios nuestro! El Señor protege a los que tienen fe como de un niño; estuve frente a la muerte, y él me salvó. Que mi alma descanse nuevamente, porque el Señor ha sido bueno conmigo.

_____

_____

_____

_____

_____

El Diario

DÍA 36

Salmo 121

Levanto la vista hacia las montañas, ¿viene de allí mi ayuda? ¡Mi ayuda viene del Señor, quien hizo el cielo y la tierra! Él no permitirá que tropieces; el que te cuida no se dormirá. En efecto, el que cuida a Israel nunca duerme ni se adormece. ¡El Señor mismo te cuida! El Señor está a tu lado como tu sombra protectora. El sol no te hará daño durante el día, ni la luna durante la noche. El Señor te libra de todo mal y cuida tu vida. El Señor te protege al entrar y al salir, ahora y para siempre.

El Diario

DÍA 37

Salmo 139:1-6

Oh Señor, has examinado mi corazón y sabes todo acerca de mí. Sabes cuándo me siento y cuándo me levanto; conoces mis pensamientos aun cuando me encuentro lejos. Me ves cuando viajo y cuando descanso en casa. Sabes todo lo que hago. Sabes lo que voy a decir incluso antes de que lo diga, Señor. Vas delante y detrás de mí. Pones tu mano de bendición sobre mi cabeza. 6 Semejante conocimiento es demasiado maravilloso para mí, ¡es tan elevado que no puedo entenderlo!

El Diario

DÍA 38

Salmo 144:1-2

Alaben al Señor, mi roca. Él entrena mis manos para la guerra y da destreza a mis dedos para la batalla. Él es mi aliado amoroso y mi fortaleza, mi torre de seguridad y quien me rescata. Es mi escudo, y en él me refugio. Hace que las naciones se sometan a mí.

_____

_____

_____

_____

_____

_____

_____

El Diario

DÍA 39

Salmo 146:1-6

¡Alabado sea el Señor! Que todo lo que soy alabe al Señor. Alabaré al Señor mientras viva; cantaré alabanzas a mi Dios con el último aliento. No pongan su confianza en los poderosos; no está allí la ayuda para ustedes. Ellos, al dar su último suspiro, vuelven al polvo, y todos sus planes mueren con ellos. Pero felices son los que tienen como ayudador al Dios de Israel, los que han puesto su esperanza en el Señor su Dios. Él hizo el cielo y la tierra, el mar y todo lo que hay en ellos. Él cumple todas sus promesas para siempre.

El Diario

DÍA 40

Salmo 150

¡Alabado sea el Señor! Alaben a Dios en su santuario; ¡alábenlo en su poderoso cielo! Alábenlo por sus obras poderosas; ¡alaben su grandeza sin igual! Alábenlo con un fuerte toque del cuerno de carnero; ¡alábenlo con la lira y el arpa! Alábenlo con panderetas y danzas; ¡alábenlo con instrumentos de cuerda y con flautas! Alábenlo con el sonido de los címbalos; alábenlo con címbalos fuertes y resonantes. ¡Que todo lo que respira cante alabanzas al Señor! ¡Alabado sea el Señor!

El Diario

SECCIÓN 4

GUÍA DE ESTUDIO

Puesto que estás leyendo esta guía, lo más seguro es que estás a punto de comenzar el Desafío de Cuarenta Días de Adoración. ¡Felicidades y bienvenido! Estoy emocionado por lo que vas a experimentar en las próximas semanas.

Colosenses 3:10 dice, "Vístanse con la nueva naturaleza y se renovarán a medida que aprendan a conocer a su Creador y se parezcan más a él". Hay tanto que explorar en Dios. Él quiere revelársenos más y más cada vez.

Al conocer mejor a Dios, nuestras vidas van a adquirir un nuevo significado, y nuestros corazones serán transformados.

Efesios 3:18 es otro gran versículo: "Espero que puedan comprender, como corresponde a todo el pueblo de Dios, cuán ancho, cuán largo, cuán alto y cuán profundo es su amor". El amor de Dios no tiene límites. Aún si pasamos nuestras vidas completas con él, seremos capaces de conocer sólo un poco de lo que él es; sin embargo, ese amor será suficiente para sostenernos cada día de nuestra existencia.

A medida que pasemos más tiempo con Dios, cosas que considerábamos demasiado importantes decrecerán en valor; y cosas que considerábamos sin tanta importancia adquirirán nuevo significado. Su palabra nos parecerá con mayor claridad. Nuestro tiempo a solas con él hará que su corazón sea el nuestro y que sus deseos estén en nosotros (Salmo 37:4).

Acerca de la Guía de Estudio

Las páginas a continuación contienen una breve guía de estudio que te ayudará a aprovechar mejor el Desafío de Cuarenta Días de Adoración. Esta sección es opcional, y estás en libertad de utilizarla como mejor te adapte. Sea que tomes el reto con un grupo de personas o lo hagas solo, estoy seguro que las discusiones y preguntas contenidas en esta guía te serán de gran beneficio.

La guía de estudio contiene ocho temas que han sido diseñados para completarse en un período de ocho semanas. El primer tema cubre la Sección 1, "El Desafío", junto con la Sección 3, "Comencemos". Los siguientes siete temas abordan las siete reflexiones de la Sección 2.

Cada tema incluye un devocional breve relacionado con la lectura para la semana correspondiente, seguido de preguntas que amplían la reflexión o la discusión en grupo. Algunas preguntas están relacionadas directamente con la lectura en turno, mientras que otras impactan el tiempo devocional personal.

Cambios que Perduren

El Desafío de Cuarenta Días de Adoración trata sobre conocer mejor a Dios. No significa pasar tiempo con él cada mañana durante unas semanas para luego regresar a nuestro antiguo estilo de vida: significa cambiar nuestra filosofía de vida, nuestra paradigma y nuestra escala de valores. Significa convertirnos en personas que anhelen conocer más a Dios.

Para lograr cambios duraderos necesitamos tres ingredientes: verdad, responsabilidad y motivación. Echemos un vistazo rápido a cada uno de estos conceptos.

Primero, necesitamos la verdad. Juan 8:32 dice lo siguiente: "y conocerán la verdad, y la verdad los hará libres". La Palabra de Dios es *nuestra* verdad. Al leer la Palabra durante los próximos cuarenta días, pídele al Espíritu Santo que la aplique a tu vida, que cambie tu mente y transforme tu corazón. Queremos que la Palabra transite de información a impartición y a aplicación.

Segundo, necesitas responsabilidad. Es muy fácil comenzar algo, pero a menudo, resulta difícil concluirlo. Esto lo vemos en los gimnasios en enero de cada año. Se saturan de personas que tienen el propósito de hacer ejercicio y mantenerse saludables, pero para febrero, la gran mayoría ya han desertado. Por ello, es de mucho beneficio formar parte de un pequeño grupo que tomen juntos el Desafío para alcanzar el éxito. Si no eres parte de un grupo, pídele a un amigo que tome el Desafío junto contigo. Encuentra a alguien a quien puedas rendirle cuentas; juntos colaborarán el uno con el otro para resistir la tentación del enemigo de renunciar al desafío. Eclesiastés 4:12 lo explica así: "Alguien que está solo, puede ser atacado y vencido, pero si son dos, se ponen de espalda con espalda y vencen; mejor todavía si son tres, porque una cuerda triple no se corta fácilmente". Un poco de rendición de cuentas te dará la fortaleza que necesitas para seguir adelante con el reto en los momentos de desaliento.

Tercero, necesitamos motivación. Es necesario mantenerte abierto a ser motivado durante la jornada y servir de motivación a otros. Tengo un amigo que me mensajea todas las mañanas durante los devocionales. Nos levantamos siempre a la misma hora y nos mantenemos comunicados acerca de lo que Dios nos revela. Si tenemos problemas o nos sentimos desanimados, podemos reforzarnos en oración. Es maravilloso saber que tengo un amigo allí por las mañanas cuando me levanto temprano para pasar tiempo con el Señor.

Pensamientos Claves

Cuando tengo la oportunidad de compartir los principios de este libro con diferentes individuos y grupos, ciertos pensamientos resuenan en las personas. Todos ellos se mencionan en el libro, pero vale repetirlos aquí.

1. La definición de devocional es tiempo a solas con Dios.

¡Esa es la explicación más sencilla imaginable! Enfócate deliberadamente, pero no te presiones para hacer las cosas "correctamente". Tu tiempo con Dios no se trata de cumplir con una lista de oración o plan de lectura bíblica: se trata de hablar con tu Creador. Ese es un verdadero tiempo devocional.

2. El Desafío de Cuarenta Días de Adoración es sobre intimidad auténtica y sin límites con tu Creador.

"Sin límite" significa que el asunto no es forzado, ritualizado o sujetado por simple hábito. Prueba algo nuevo. Haz algo diferente. Atrévete a acercarte a Dios sin esperar otra cosa que pasar tiempo con él. Relájate y disfruta en su presencia; luego, responde a su dirección y observa hacia donde te quiere llevar. Cada día será diferente.

3. Dios está esperando que te levantes porque se deleita en pasar tiempo contigo.

No puedo describirte lo poderoso que es este sencillo pensamiento para muchos—¡incluyéndome a mí! Debemos cambiar nuestra idea sobre la oración: "de tener que" por "querer que". Imagina a un padre que observa a su hijo que duerme; se siente orgulloso queriendo mucho a ese hijo o hija; tarde se le hace para que despierte y se levante para disfrutar la compañía de él o ella. Así es como Dios te espera cada mañana.

4. Levántate de la cama a su presencia.

Antes que los afanes y las presiones comiencen, acércate a Dios. No hay una mejor manera de prepararte para el día que buscando la presencia de Dios.

5. Busca primero a Dios.

Mateo 6:33 dice, "Busca primero el reino de Dios y su presencia, viviendo rectamente, y él te dará todo lo que tú necesitas". Aprendamos a construir nuestro día, poniendo a Jesús primero en el centro de todo lo que hagamos. Diariamente, tenemos el privilegio y la oportunidad de ceder nuestra voluntad a su voluntad, y veremos la forma maravillosa cómo él guía nuestras vidas.

Comencemos

La Biblia enseña que nuestras vidas están seguras escondidas en Cristo (Salmo 27:5), y estamos sentados con él en los lugares celestiales (Efesios 2:6). Esto significa que no tenemos por qué vivir sujetos al temor y la preocupación que nos ha acosado en el pasado. Ahora tenemos una panorámica para ver nuestras circunstancias desde la perspectiva de Dios. Podremos ver su mano moverse a nuestro favor, su plan desarrollarse para nosotros y su glorioso poder y amor operar en nuestro beneficio.

Al pasar tiempo con Dios cada mañana y pensar en las preguntas de estudio en las páginas a continuación, obtendrás su perspectiva en tu vida. ¡No puedo imaginarme una mejor manera de iniciar cada día!

SEMANA 1: EL DESAFÍO

Lo primero es establecer el horario y el lugar de reunión con el Señor. Asegúrate de escoger un lugar quieto y alejado de distracciones. Yo acudo a un café, pero cada quien puede escoger el lugar de acuerdo a su propio estilo.

Recuerda, la idea es comprometerte a pasar de 15 a 30 minutos con el Señor cada mañana. Lleva contigo tu Biblia, un medio para escuchar música de adoración como un mp3, un diario y una pluma o lápiz. Siéntete invitado a hacer uso del diario incluido en el libro, o elije uno del diseño que más te agrade. Lo importante es poder capturar los pensamientos que Dios te dé.

Cada mañana al llegar a tu punto de reunión con el Señor, enciende la música de adoración y entrega tu corazón a él. Enfoca tu atención en él. Luego, abre paso a que tu devocional transcurra de manera natural, sin forzarte. Lee y anota según Dios te vaya dirigiendo. Mantente abierto al fluir del Espíritu Santo.

Lo más importante: disfruta la presencia de Dios y permite que él te disfrute a ti. Deja que sea un tiempo sin prisas, orgánico y natural.

Preguntas para Discusión

Describe el lugar que has escogido para reunirte con Dios.

¿Qué obstáculos y dificultades podrías enfrentar durante el Desafío de Cuarenta Días de Adoración?

¿Es difícil comprometerte a una hora específica cada día? ¿Por qué? ¿Por qué no?

Comenta sobre los beneficios del Desafío de Cuarenta Días de Adoración que esperas recibir.

_____

_____

_____

_____

¿Estás comprometido a tomar el desafío?

_____

_____

_____

_____

SEMANA 2: RENDIR

Rendir nuestras vidas a Dios puede ser el desafío más grande de todos, pero es la llave que abre nuestras vidas al destino que él tiene para nosotros.

La rendición de nuestra voluntad a la perfecta voluntad de Dios es una elección personal. Al renunciar al control de todo lo que somos o seremos a aquél que nos compró, el Señor Jesucristo, él se convierte en el centro de nuestra existencia. Él se convierte en *nuestro* Señor. Lo ponemos en el trono de nuestro corazón destronando al más grande enemigo que nos enfrentamos: la voluntad de nuestro "yo".

La rendición es la clave para caminar con Dios. No se trata de algo que hacemos una sola vez, cuando recibimos a Cristo como nuestro Salvador. Es una decisión constante, un hábito, un estilo de vida. Al principio puede ser una gran carga, pero con el tiempo podremos experimentar cómo el poder de Dios fluye en nuestras vidas.

Esto me recuerda al joven rico (Marcos 10:17–22). Jesús le dijo que vendiera todas sus posesiones y le siguiera. El joven rico se entristeció porque tenía muchas posesiones y el precio por seguir a Jesús le parecía muy alto. Su voluntad se atravesó en el camino de su destino.

Los discípulos enfrentaron la misma elección cuando Jesús les dijo, "Síganme". Ellos dejaron todo y le siguieron—ese fue el primer paso a una vida de relación con Jesús.

Imagina una puerta con tu destino detrás de ella. Tú posees la llave para abrir esa puerta—se llama "rendición".

Preguntas para Discusión

Lee Romanos 12:1 en voz alta. ¿Qué te dice este verso?

_____

_____

_____

_____

Lee Lucas 9:23–24. ¿De qué manera las palabras de Jesús hablan de una rendición?

_____

_____

_____

_____

¿Estás teniendo dificultad en rendir tu vida a Dios? ¿Por qué? o, ¿Por qué no?

_____

_____

_____

Lee 1 Corintios 6:19–20. ¿Qué te dice la frase "No pertenecen a ustedes mismos?

_____

_____

_____

_____

Tus Mañanas hasta Ahora

¿Cuáles son algunos de los retos que has enfrentado durante el Desafío de Cuarenta Días de Adoración?

_____

_____

_____

_____

¿Qué está sucediendo en tu corazón y qué es lo que Dios te está diciendo?

_____

_____

_____

_____

SEMANA 3: CELEBRAR

La parte más emocionante del Desafío de Cuarenta Días de Adoración es pasar tiempo a solas con el Señor cada mañana. Al fijar nuestro enfoque en él y abrir nuestro corazón a su amor, el Espíritu Santo comenzará a interactuar con nuestro corazón. La atmósfera de adoración invita su presencia y permite que el Espíritu de Dios comience un nuevo fluir en nuestras vidas.

Dios inició la relación con nosotros al enviar a su hijo a morir en nuestro lugar. Ahora podemos tener compañerismo con el Dios de amor. Enfoca tu alabanza y disfruta su presencia al igual que él disfruta la tuya. Piensa más en él de lo que piensas en ti mismo. Dale gracias por su gracia y justicia, en vez de desperdiciar tiempo y fuerzas pensando en la condenación. Recuerda: has sido librado de la condenación por medio de Jesús (Romanos 8:1), y ya puedes hablar directamente con tu Señor, tal como Dios siempre ha querido.

Cuando te acuestes a dormir, recuerda que Dios estará esperándote a que despiertes cada mañana, y tarde se le hace para pasar tiempo contigo. Yo me emociono desde la noche, pensando en la mañana siguiente, porque sé que ese tiempo está reservado sólo para Dios.

Preguntas para Discusión

Lee Hebreos 4:16 en voz alta. ¿Qué te dice este verso?

Lee Efesios 2:18 y 1 Corintios 3:16–18. ¿Que te dicen estos versículos acerca del acceso que tienes a la presencia de Dios?

¿Te es difícil recibir el amor de Dios? ¿Qué evita que puedas acercarte confiadamente a él? ¿Te sientes aún culpable? ¿Por qué? o, ¿Por qué no?

¿Qué te dice la frase "intimidad sin límites con Dios"?

_____
_____
_____
_____

Tus Mañanas hasta Ahora

¿Cuáles son algunos de los retos que has enfrentado durante el Desafío de Cuarenta Días de Adoración?

_____
_____
_____
_____

¿Qué está sucediendo en tu corazón y qué es lo que Dios te está diciendo?

_____
_____
_____
_____

SEMANA 4: MEDITAR

Durante el Desafío de Cuarenta Días de Adoración leerás tu Biblia todos los días, sea que leas la porción del libro de los Salmos que se provee en la sección "Diario" u otras porciones de las Escrituras. Al leer, te animo a que abras tu corazón a la Palabra de Dios y aprendas a meditar en lo que Dios te esté diciendo.

Meditar, en el sentido bíblico de la palabra, es un constante pensar y ponderar sobre las Escrituras. Si se me permite la expresión, es rumiar como lo hacen las vacas y otros animales con su alimento. No leas apresuradamente; no tengas prisa por abarcar grandes porciones de la Escritura. Una mañana, tal vez, leerás capítulos completos; y otra, quizás pasarás todo el tiempo digiriendo una frase o versículo.

Jesús dijo, "La gente no vive sólo de pan, sino de cada palabra que sale de la boca de Dios" (Mateo 4:4). La Palabra de Dios hablará a tu corazón y dará dirección a tu vida. No subestimes el poder que la siembra de la Palabra planta en tu corazón.

La Biblia dice, "Y conocerán la verdad, y la verdad los hará libres" (Juan 8:32). El Espíritu Santo da vida a la

Palabra y ésta hablará directamente a tu corazón. Efesios 6:17 describe la Palabra de Dios como una espada. ¡Dios nos está capacitando para pelear la buena batalla de la fe!

Preguntas para Discusión

Lee Salmo 119:11 en voz alta. ¿Qué te dice este versículo?

_____

_____

_____

_____

Lee Lucas 8:4:15. ¿Qué te dice este pasaje acerca de la condición de tu corazón? ¿A qué se compara tu corazón?

_____

_____

_____

_____

¿Qué tan importante es que la Palabra de Dios sea plantada en tu corazón? ¿Qué obstáculos has encontrado para leer la Biblia?

_____

_____

_____

Imagina tu corazón como un jardín. ¿Quiénes son tus "enemigos"? y, ¿Cómo logran introducirse a tu corazón? ¿Cómo puede la Palabra de Dios ayudarte a vencerlos?

_____

_____

_____

_____

Tus Mañanas hasta Ahora

¿Cuáles son algunos de los retos que has enfrentado durante el Desafío de Cuarenta Días de Adoración?

_____

_____

_____

_____

¿Qué está sucediendo en tu corazón y qué es lo que Dios te está diciendo?

_____

_____

_____

_____

SEMANA 5: ABRIR

Esta sección trata sobre abrir nuestro mundo interior a Dios e invitarle a que entre en él. En Apocalipsis 3:20, Jesús dice que él está a la puerta y llama. Se refiere a la puerta de nuestro corazón. Él quiere tener acceso a cada una de las áreas de nuestro corazón. Nosotros tenemos total acceso a él, y él quiere tener acceso total a nuestro corazón.

Abrir nuestro corazón por completo puede causarnos temor si tenemos algo escondido. A veces dividimos en compartimentos nuestro corazón; es decir, dejamos que Jesús entre sólo a algunas áreas de nuestras vidas, pero no a todas. Aunque, ¡por supuesto que Dios sabe todo! Y él conoce nuestros pensamientos desde lejos. El hecho de no reconocer alguna debilidad delante de Dios no significa que podamos esconderla. Es mucho mejor abrirle por completo nuestro corazón y confiar que él tiene lo mejor para nosotros. Con frecuencia la culpa y la vergüenza impiden que abramos la puerta y dejemos entrar a Jesús. Esto mismo sucedió por primera vez cuando Adán y Eva pecaron. Dios los buscó, los encontró y les llamó (Génesis 3:8–11).

En el pasaje de Apocalipsis, Jesús nos invita a cenar con él. Quiere tener compañerismo con nosotros. No viene a juzgarnos ni a condenarnos, sino a amarnos y mostrarnos cómo vivir en victoria y paz.

El amor de Dios siempre toca a nuestra puerta. Nuestro desafío es oír su llamado y responder, invitándole a entrar. Es hora de abrir el corazón y dejar que él te limpie en lo más profundo de tu ser. No huyas más de él. No tengas temor, ¡Él te trae sanidad!

Preguntas para Discusión

Lee Salmo 139:23–24 en voz alta. ¿Qué te dice este versículo?

_____

_____

_____

_____

Lee Colosenses 3:1–5. El verso 5 se refiere a "...las cosas pecaminosas y terrenales que acechan dentro de ustedes". ¿Qué te dicen estos versículos acerca de la engañosa naturaleza del pecado? ¿Puedes recordar algunos ejemplos donde el pecado te ha estado "acechando"?

_____

_____

_____

_____

¿Estás luchando actualmente contra algún pecado?

_____

_____

_____

¿Te es difícil reconocer y ser transparente sobre tus debilidades y fracasos? ¿Por qué? o, ¿Por qué no?

_____

_____

_____

Tus Mañanas hasta Ahora

¿Cuáles son algunos de los retos que has enfrentado durante el Desafío de Cuarenta Días de Adoración?

_____

_____

_____

¿Qué está sucediendo en tu corazón y qué es lo que Dios te está diciendo?

_____

_____

_____

SEMANA 6: DEDICAR

Si haces lo que yo, es muy fácil que salgas a enfrentar el día sin dedicar un minuto para buscar y pedirle ayuda a Dios. El enfoque de este capítulo está sobre bajarle un poco a la velocidad, respirar profundo y entregarle a Dios el día, aún antes que comience.

Como todos sabemos, cada día nos ofrece desafíos únicos, pruebas, aventuras y tentaciones. Al buscar primero a Dios, podrás ver cómo él comienza a ordenar tu día. De antemano, él tiene un plan para ti: lo que tú necesitas hacer es discernir su dirección y subirte abordo.

Algunas personas por lo regular me dicen que cuando pasan tiempo con Dios, su día va mucho mejor que cuando no lo hacen. No significa que no enfrenten retos; más bien, significa que están mejor equipados para enfrentarlos.

Comienza tu día con una oración, dedica todo lo que vayas a hacer a Dios e invítale a ayudarte. Platica con él durante el día. Dios está interesado en cada detalle de tu vida.

Recuerda que Dios está contigo en todo momento. Disfruta su cercanía, descansa en su fuerza y vive cada día lleno de su vida abundante.

Preguntas para Discusión

Lee Salmo 37:23–24 en voz alta. ¿Qué te dice este versículo?

_____

_____

_____

_____

Lee Proverbios 3:5–6. ¿Qué tiene que ver la confianza con el dedicar tu día al Señor? Comparte algunos de los retos que has encontrado al tratar de poner tu confianza en él. ¿Por qué a veces es difícil?

_____

_____

_____

_____

Haz una lista de los beneficios que provienen de dedicarle tu día a Dios.

_____

_____

_____

_____

¿Ha habido situaciones en el pasado en las cuales no te apoyaste en la dirección de Dios o no buscaste su ayuda? ¿Cuáles fueron los resultados?

_____

_____

_____

_____

Tus Mañanas hasta Ahora

¿Cuáles son algunos de los retos que has enfrentado durante el Desafío de Cuarenta Días de Adoración?

_____

_____

_____

_____

¿Qué está sucediendo en tu corazón y qué es lo que Dios te está diciendo?

_____

_____

_____

_____

SEMANA 7: ESCUCHAR

Esta reflexión describe la importancia de prestar atención a lo que Dios nos está diciendo. Escuchar requiere de un esfuerzo de nuestra parte. He oído decir que generamos entre 20,000 y 60,000 pensamientos en un día. Eso es demasiada información, considerando que un día consiste de sólo 86,400 segundos. En medio de esta avalancha de información y análisis, debemos aprender a escuchar la voz de Dios.

Es vital que aprendamos a discernir la voz de Dios entre todas las voces que penetran en nuestra mente. Jesús dijo, "Mis ovejas escuchan mi voz" (Juan 10:27). El Desafío de Cuarenta Días de Adoración es una excelente oportunidad para cultivar un oído atento que reconozca la voz de Dios.

Esto comienza cada mañana al rendir nuestras vidas y nuestra voluntad a nuestro Creador, el amante de nuestro alma. Al responder a su amor y misericordia, nuestro corazón se sintoniza con una frecuencia divina. Nos volveremos más receptivos al Espíritu Santo, quien nos recuerda la Palabra de Dios y nos da pensamientos relacionados con nuestro día: llamarle a alguien, algo que debamos recordar, una advertencia, una corrección, etc.

Recuerda, nuestra mente es la fuente de nuestras decisiones y acciones, por eso la forma en que pensamos es importante. Aquellos pensamientos que traspasan el umbral de nuestra mente pueden penetrar a nuestro corazón. Algunos de ellos pueden proceder de la carne, el diablo o el sistema del mundo.

Es necesario aprender a escuchar el "silbo apacible de Dios" e ignorar las demás voces. Los pensamientos que proceden de Dios nos llevarán a disfrutar de su justicia, su gozo y su paz.

Preguntas para Discusión

Lee 2 Corintios 10:3–5. ¿Qué te dice este pasaje?

_____

_____

_____

_____

Identifica los tres enemigos que compiten por tus pensamientos. ¿Cómo se ven afectados tus pensamientos?

_____

_____

_____

_____

¿Existe algo que esté interfiriendo en tu capacidad para escuchar la voz de Dios? ¿Cómo podrías enfocarte más en la voz de Dios?

¿Has notado alguna diferencia en tu capacidad para escuchar la voz de Dios desde que comenzaste el Desafío de Cuarenta Días de Adoración?

Tus Mañanas hasta Ahora

¿Cuáles son algunos de los retos que has enfrentado durante el Desafío de Cuarenta Días de Adoración?

¿Qué está sucediendo en tu corazón y qué es lo que Dios te está diciendo?

_____

_____

_____

_____

SEMANA 8: OBEDECER

Jesús dijo, "Si me aman, obedezcan mis mandamientos" (Juan 14:15). Santiago dice que no sólo escuchemos la Palabra de Dios, sino que también hagamos lo que dice (Santiago 1:22).

Hay tres pasos a la obediencia: Escuchar la voz de Dios a través de la Palabra y su Santo Espíritu, discernir el tiempo de Dios para cada situación y decidir tener fe y hacer lo que se nos pide.

La verdadera fe genera obediencia. Si somos capaces de oír, entonces debemos estar dispuestos a obedecer. Como lo describe Gálatas 5:25, así es como debemos caminar en el Espíritu: "Ya que vivimos por el Espíritu, sigamos la guía del Espíritu en cada aspecto de nuestra vida". Nuestra obediencia demuestra que tenemos una relación constante y permanente con el Creador del universo.

Como creyentes estamos llamados a caminar con Dios. Esto hace que la vida cristiana sea emocionante. Nada produce mayor sentido de realización que la cercanía y el pasar tiempo con nuestro Padre celestial y nuestro Señor Jesucristo.

Preguntas para Discusión

Lee Gálatas 5:25 en voz alta. ¿Qué te dice este versículo?

_____

_____

_____

_____

Lee Hechos 8:26–39. ¿Cómo ejemplifica Felipe escuchar a Dios, permitiéndole guiar sus pasos?

_____

_____

_____

_____

Comentamos que la obediencia consiste de tres ingredientes: escuchar la voz de Dios, discernir el tiempo correcto y decidir obedecer. Comparte tu opinión en estas tres áreas con ejemplos de tu propia experiencia.

_____

_____

_____

_____

¿Cómo pasar tiempo con Dios afecta a tu obediencia?

_____

_____

_____

_____

Tus Mañanas hasta Ahora

¿Cuáles son algunos de los retos que has enfrentado durante el Desafío de Cuarenta Días de Adoración?

_____

_____

_____

_____

¿Qué está sucediendo en tu corazón y qué es lo que Dios te está diciendo?

_____

_____

_____

_____

¡FELICIDADES!

Has cruzado la meta. ¡Qué logro tan impresionante!

Ahora es momento de hacer un compromiso para el futuro. Has establecido una gran rutina para las mañanas encontrándote con Dios primero, y has aprendido a tomar un día a la vez. Te animo a que permitas que esto se convierta en una plataforma desde la cual desarrolles un hábito de devocionales matutinos. Estoy seguro que tus tiempos a solas con Dios cambiarán tu vida para siempre.

Si deseas compartir tus experiencias con el Desafío de Cuarenta Días de Adoración, ¡Me daría mucho gusto saber de ti! Puedes comunicarte conmigo por correo electrónico a 40dayworshipchallenge@gmail.com.

Bendiciones!
Mark Jones

ACERCA DEL AUTOR

Dr. Jones es pastor de oración y anciano en City Bible Church, Portland, Oregon. City Bible es una iglesia en constante expansión con gran alcance a todo el mundo, a la cual ha asistido el pastor Mark por más de treinta y cuatro años. Aparte de encargarse del departamento de oración, Mark ha impartido clases de oración y evangelismo en el Colegio Bíblico de Portland y forma parte del liderazgo de *All Things New*, un programa de restauración. Mark ama su iglesia local y siente pasión por ver como la gente desarrolla su relación personal con el Creador.

Mark obtuvo una licenciatura en la Universidad Estatal de Oregon, con Grado en Ciencias. Asistió a la Universidad en Ciencias de la Salud de Oregon, donde obtuvo su título en la Escuela de Odontología, a partir del cual se ha desempeñado como dentista en el área de Portland por cerca de treinta años.

Mark disfruta la práctica del ciclismo y las actividades que le ayuden a mantener su condición física. Como todo nativo del noroeste, también le encanta el tomar café con sus amigos. Actualmente reside en Portland con su esposa Susan y sus cuatro hijos adultos.

Colofón:
¡Oración Sin Límites!
de Mark Jones,
terminó de imprimirse el
18 de enero de 2017
en los talleres de
Wyant House Publishers,
Tlajomulco de Zúñiga,
Jalisco, México

Cuidaron la traducción, edición e impresión
Pablo Ulloa Valdivia, Justin Jaquith y el autor.

Versión en rústica:
Tiraje 300 ejemplares.
Impreso sobre papel bond cultural de 90 gms.

Impreso en México
Produced and printed in Mexico